高校英语写作教学理论与实践研究

陈亚轩 著

吉林大学出版社
·长春·

图书在版编目（CIP）数据

高校英语写作教学理论与实践研究 / 陈亚轩著 . --
长春：吉林大学出版社，2022.6
ISBN 978-7-5768-0559-8

Ⅰ.①高… Ⅱ.①陈… Ⅲ.①英语－写作－教学研究
－高等学校 Ⅳ.① H319.36

中国版本图书馆 CIP 数据核字 (2022) 第 174574 号

书　　名	高校英语写作教学理论与实践研究
	GAOXIAO YINGYU XIEZUO JIAOXUE LILUN YU SHIJIAN YANJIU
作　　者	陈亚轩　著
策划编辑	殷丽爽
责任编辑	殷丽爽
责任校对	曲　楠
装帧设计	李文文
出版发行	吉林大学出版社
社　　址	长春市人民大街 4059 号
邮政编码	130021
发行电话	0431-89580028/29/21
网　　址	http:// www.jlup.com.cn
电子邮箱	jldxcbs@sina.com
印　　刷	天津和萱印刷有限公司
开　　本	787mm×1092mm　1/16
印　　张	11.75
字　　数	210 千字
版　　次	2023 年 1 月　第 1 版
印　　次	2023 年 1 月　第 1 次
书　　号	ISBN 978-7-5768-0559-8
定　　价	72.00 元

版权所有　　翻印必究

前　言

在经济与科技高速发展的现代化社会环境中，英语写作能力不仅是个人进步的必要条件，而且是社会发展进步的重要因素。英语写作对英语学习者而言是英语逻辑思维能力的集中表达，是英语听、说、读、写四项必备基础技能之一。有学者曾提出评判二十一世纪合格人才人的重要标准之一是英语写作能力的高低。高水平的英语写作能力能够让学习者在激烈的竞争环境中获得更多的优势，赢得更多的机会。从某种程度上讲，英语写作对二语学习者来说是一项巨大的挑战。

英语写作在英语学习的过程中占有重要的比例，但英语写作的地位却一直让人感觉遗憾。通过对我国非英语专业大学生英语写作学习现状的研究，作者发现许多英语学习者对英语写作都怀有畏难情绪。在一些重要的英语等级考试中，如大学英语四、六级以及专业英语四级、八级考试中，学生在作文部分的得分并不理想，这一方面在非英语专业学生的考试中显得格外明显。目前英语写作教学是英语教学和学习中的薄弱环节，提高大学生英语写作能力已成为大学英语教学的重中之重。

本书围绕高校英语写作教学的发展展开研究，全书共分为七大章，第一章为高校英语教学概述，分别介绍了高校英语教学基本问题、高校英语教学的师与生和高校英语教学评价研究；第二章从英语写作教学的简单介绍，以及写作教学的基本理论和方法研究阐述了英语写作教学的基本问题；第三章为应用语言学在高校英语写作教学中的应用，第一节为应用语言学概述，第二节为认知语言学在英语写作中的应用，第三节为语料库工具在英语写作教学中的应用；第四章重点介绍了高校英语写作教学的模式应用，分别列举了混合学习模式、抛锚式教学模式以及对分课堂教学模式三种教学模式的应用；接下来第五章又列举了思维导图法、产出导向法、档案袋评价三种英语写作教学方法的应用；在第六章分析了目前高校英语写作教学的现状及问题，并针对各种问题进行了对策研究；最后一章介绍了当代高校英语写作教学的创新与变革，无论是在"互联网+"模式上的英语写作教学创新还是在翻转课堂视野下的写作教学应用，都可以看到目前高校英语写作教学的创新与变革，同时从生态学角度考虑，我国高校的英语写作教学发展也取得了不错的成效。

在撰写本书的过程中，作者得到了许多专家学者的帮助和指导，参考了大量的学术文献，在此表示真诚的感谢。本书内容系统全面，论述条理清晰、深入浅出，但由于作者水平有限，书中难免会有疏漏之处，希望广大同行及时指正。

作者

2021 年 10 月

目　录

第一章　高校英语教学概述 ·· 1
　　第一节　高校英语教学基本问题 ·· 1
　　第二节　高校英语教学的师与生 ·· 16
　　第三节　高校英语教学评价研究 ·· 26

第二章　英语写作教学基础问题 ··· 44
　　第一节　英语写作教学概述 ··· 44
　　第二节　英语写作教学的基本理论 ·· 53
　　第三节　英语写作教学的方法研究 ·· 58

第三章　应用语言学在高校英语写作教学中的应用 ··················· 71
　　第一节　应用语言学概述 ··· 71
　　第二节　认知语言学在英语写作中的应用 ······························· 73
　　第三节　语料库工具在英语写作教学中的应用 ······················· 83

第四章　高校英语写作教学的模式应用 ······································ 94
　　第一节　混合学习模式在高校英语写作教学中的应用 ············ 94
　　第二节　抛锚式教学模式在高校英语写作教学中的应用 ······ 103
　　第三节　对分课堂教学模式在高校英语写作教学中的应用 ·· 113

第五章　高校英语写作教学的方法应用 ····· 121
第一节　思维导图法在高校英语写作教学中的应用 ····· 121
第二节　产出导向法在高校英语写作教学中的应用 ····· 130
第三节　档案袋评价在高校英语写作教学中的应用 ····· 139

第六章　高校英语写作教学的现状及问题解决 ····· 151
第一节　高校英语写作教学的现状分析 ····· 151
第二节　高校英语写作教学的问题描述 ····· 152
第三节　高校英语写作教学的对策研究 ····· 153

第七章　当代高校英语写作教学的创新与变革 ····· 159
第一节　"互联网+"与高校英语写作教学的创新 ····· 159
第二节　翻转课堂视野下的高校英语写作教学研究 ····· 166
第三节　生态学视角下高校英语写作教学的优化 ····· 176

参考文献 ····· 180

第一章 高校英语教学概述

全球化时代，所有国家都面临外来文化的挑战。英语教育处于国家文化安全前沿阵地，在维护国家和人民利益的同时，应秉持人类命运共同体理念，增强学习者对母语文化的认同感，捍卫国家文化安全，谋求世界各国共同发展。这种情况下高校英语教学就显得尤为重要，本章分别从高校英语教学基本问题、高校英语教学的师与生以及高校英语教学评价研究三个方面介绍高校英语的基本问题，供读者更好地了解高校英语教学。

第一节 高校英语教学基本问题

一、高校英语教育的发展

（一）中华人民共和国成立之前的英语教育发展

1. 清末英语学科教育的制度化

进入19世纪末期，晚清政府的统治力量进一步衰落，中国封建社会岌岌可危。甲午战争的失败以及马关条约的缔结正式宣告了洋务运动的破产。陷于垂死挣扎的统治阶级内部开明官僚与知识分子意识到应该学习西方进行政治体制改革。他们积极奔走、上谏讲学，为变法营造了良好的社会氛围。1898年6月至9月实施"百日维新"，在教育方面实施了包括兴办学堂、派遣留学生、设立译书局、编辑教科书等内容在内的一系列改革举措。尽管戊戌变法运动以失败告终，但这些主张和举措却产生了重要影响。为了缓和民族、阶级矛盾和笼络人心，也为了满足帝国主义列强在华共管的需求，清政府于1901年推行了包括政治、经济、教学等多个领域在内的"新政"。"新政"中的教育改革成为重头戏，各类改革措施使得在中国存续几千年的封建教育体制土崩瓦解。自1905年起科举制度被废除，清政府成立了主管教育的行政机构"学部"。新学制的拟定、修改、颁布与实施标志着新教育体系的建立,也为近代中国英语学科的建立及其教育发展提供了制度保障。

壬寅·癸卯学制的制定者张百熙、张之洞等人将外语学科教育置于显要位置,不仅顺应了时代的潮流,更是实现了外语学科教育的合法化及制度化。1905年科举制度被废除,使整个国民教育进一步摆脱了旧式体制的束缚。这两项制度性的举措加之清末新政兴学的影响,各级各类学校无论是办学数量,还是在校学生人数有了迅速地发展。新学制实施之后的几年内,全国的教育规模扩大明显,特别是中学堂和师范教育的发展尤为突出。学堂分布格局也有了进一步的调整,打破了以往主要在通商口岸城市办学的局限,转而向内陆地区延伸。

2. 中华民国初中期英语教育政策

民国新政府成立后立刻着手进行教育改革,1912年初教育部颁布了《普通教育暂行办法》和《普通教育暂行课程标准》,特别是后者成为近代中国教育发展史上的第一个"课程标准"。1912年12月颁发的《中学校令施行规则》明确外国语以英语为主,地方特别情形法、德、俄语一种,同时制定了中学阶段外国语教学目标:外国语旨在通解外国普通语言文字,具运用之能力,并增进知识。1913年的《中学校课程标准》对英语学科的教学内容也进行了规定与说明,前文已有过讨论。从教学目标与课程内容来看,壬子·癸丑学制强调了在英语教学中重视发音与会话的原则,开始注重学生语言交际运用能力的培养。

1922年颁布的《学校系统改革令》模仿美国教育体制,将原来初中、高中的"四二学制"改为"三三学制",拉开了新学制改革的帷幕。在中学阶段的英语教育方面,1923年公布了《新学制课程纲要初级中学外国语课程纲要(暂以英文为例)》《新学制课程纲要高级中学公共必修的外国语课程纲要》,作为指导初、高中英语教学的纲领性文件。到抗日战争全面爆发前,教育部又于1929年、1932年和1936年先后三次发布了新的课程纲要或标准。随着英语学科地位在中国的正式确立,与英语学科教育的相关研究、试验以及调查也相继开展起来。针对当时英语学科投入时间多,效果差的情况,不少教育界人士提出要调整外语学科在国民教育体系的位置,要改进教学方法、培养合格师资。根据这些研究结果或调查数据,政策制定者对英语教育政策也做出相关调整。教育部在1928年颁布的《小学暂行条例》中规定的小学教授科目中外国语并不在其列,只属于在高小阶段可以酌情添设的选修课。针对中学入学考试考英语的普遍现象,教育部也下令"各级中学入学试验,自应免除外国语"[①]。1929年颁布的《中学课程暂行标准》缩

---

① 《教育部公报》1930年第2卷第21期,第20页.

减了初中阶段的英语课时，使其退居国文科之下。1930年6月又下令"各地初级中学，除外国语学科采用原本，自应一律采用本国文教科书，不得再用外国原本"①。应该说，这一时期英语教育政策的调整开始更多地参考研究成果及专家、学者的建议，体现了政策制定程序的合理、科学。

（二）中华人民共和国成立之后高校英语教育的发展

1. 开拓阶段（1949—1965年）

新中国成立之初，百业待兴。在党和国家有关部门的领导下，我国高等外语教育逐步恢复。考虑当时的国际关系，1953年高等教育部②明确规定俄语为各高校学习的主要外语，公共外语课被统称为"高等学校俄文课"。1956年，周恩来总理代表党中央发出"向科学进军"的号召，做出"必须扩大外国语教学，并扩大外国重要书籍翻译工作"的重要指示，加之俄语人才供大于求的局面日益凸显，我国开始扩大英语教育规模。

1959年教育部颁发《关于高等学校外语课程设置问题的意见》，明确提出高校各专业学生应在学好第一外国语的基础上，尽可能学好第二外国语。在当时俄语教学"一边倒"的情况下，鼓励高校学生开展第二外国语学习，实际上对大学英语教学产生了推动作用，并于20世纪60年代逐步形成了以英语为主的大学外语教育新局面。

为切实提高大学英语教育质量，1962年教育部颁布首个面向高等工业学校本科五年制各类专业适用的《英语教学大纲（试行草案）》。该大纲侧重培养学生的阅读能力，重视词汇和语法教学，且明确规定教师讲解时间须少于学生练习和实践时间。这是我国颁布的第一份大学英语教学大纲，我国大学英语教育由此开始步入正轨。

此时期有两件大事对大学英语影响深远。一是1964年高等教育部设立外语教育司，统筹外语教育事宜，外语教育的地位得到显著提升；二是同年颁布实施《外语教育七年规划纲要》，将公共外语与专业外语置于同等重要的地位，并明确将英语列为我国第一外国语，我国大学外语的重心正式从大学俄语转向大学英语。尽管该纲要仅实施两年便被迫中断，但在高校建设、外语种类、电化教学、师资招生等方面均取得明显成绩。

---

① 《教育部公报》1930年第2卷第24期，第11页．
② 1952—1958、1963—1966年间，高等教育部与教育部独立办公，其他时间则并入教育部．

2. 停滞阶段（1966—1977年）

1966年之后的政策给刚刚起步的大学英语教育带来破坏性后果，大学外语教育受到巨大冲击。尽管如此，在党和国家领导人的关心、帮助下，外语人才仍得到了不同程度的保护，获得了一定的学习条件，保存了大学外语教育有生力量。

3. 恢复阶段（1978—1984年）

1976年后，我国迅速步入各项事业建设中。1978年，教育部颁布《加强外语教育的几点意见》，指出我国应大力办好公共外语教育，增加课时，提高教学要求，并指出我国的公共外语主要是英语，同时兼顾日、法、德、俄等语种，为大学英语教育的快速发展奠定了良好条件，大学英语教育进入恢复阶段。

此阶段的标志性事件是1980年《英语教学大纲（草案）（高等学校理工科本科四年制试用）》的颁布。该大纲：（1）认为公共英语教学应在坚持马列主义、毛泽东思想的基础上，遵循外语学习客观规律开展教学活动；（2）明确语言知识的必要性，但提出知识讲解的时间应少于语言技能操练的时间；（3）指出公共外语教学的重点是培养学生的阅读能力，但同时须进行一定的听、说、写综合训练；（4）强调基础阶段要打好语言基础，体现科技英语的特点，但不宜过早结合某一特定专业开展教学。这份大纲对思想教育与语言学习之间、语言知识与语言技能之间、听说读写能力之间、通用英语与专业英语之间关系的论述，为我国改革开放初期大学英语教育的快速恢复奠定了基础。

4. 发展阶段（1985—1998年）

经过短暂的恢复之后，我国大学外语教育进入快速发展期。此阶段的标志有四：颁布新的教学大纲；推行全国统一的大学英语水平考试；稳步推进大学英语教学改革试点工作；成立大学外语教学指导委员会。

（1）颁布新的大学英语教学大纲

1985年6月在苏州召开了第二届高校外语教材编审委员会成立大会，着手制定了文理科教学大纲初稿。在《大学英语教学大纲高等学校理工科本科用》（简称理工科大纲）的基础上，修订组经过一年的工作，完成了大纲正文的修订，并制定了词汇、语法结构、功能意念及微技能等四个附表和大纲修订说明，印发给有关院校征求意见。1985年3月、6月、8月，修订组多次召开会议就各院校提出的意见进行详细讨论，反复修改，在全国五十余所院校大力的支持和协助下，大纲经高等学校大学外语教材编审委员会综合大学英语编审组最后于1985年11月16—21日在南京大学召开审定会。与会代表对《大纲》的正文和四个附表进行审定，一致认为大纲较好地体现了科学性、先进性、实用性和灵活性，切合当前文理科英语教学的需要，通过并上报国家教委审批。1986年3月17日，国家教委批转《大学英语教学大纲高等学校文理科本科用》，通知各有关院校从当年秋季起参照执行。

（2）推行全国统一的大学英语水平考试

为贯彻落实1985年和1986年颁布的理工科和文理科大学英语教学大纲，1987年起全国开始推行大学英语四级考试（CET-4），1989年起在全国开始推行大学英语六级考试（CET-6），并先后颁发《大学英语教学大纲通用词汇表（1-4级）》（1993年）和《大学英语教学大纲通用词汇表（5-6级）》（1996年）。大学英语四、六级考试为衡量我国大学生的英语水平提供了统一标尺，对我国大学英语教育影响深远。尽管大学英语四、六级考试同时引发了应试教育、高分低能等问题，但对提升我国大学英语水平发挥了重要作用，为我国的现代化建设培养了大批懂外语的科技人才，对我国改革开放和经济发展起到了重要推动作用。

（3）稳步推进大学英语教学改革试点工作

1994年，全国大学英语教学研讨会在大庆召开，时任国家教委高教司司长周远清在肯定大学英语教学成绩以及大学英语四、六级考试作用的基础上，提出要采取措施，到2000年使我国大学英语教学再上一个新台阶。为此，1996年国家教委高教司发布《关于在八所高校进行大学英语教学改革试点工作的通知》，在北京大学、清华大学、北京航空航天大学、北方交通大学、复旦大学、上海交通大学、南京大学和东南大学八校开展大学英语教学试点工作（后增加中国人民大学）。试点工作进一步明确了分级教学的必要性，教学方法（特别是多媒体教学）也有了很大改进，对大学英语四、六级考试也做了相应改革。试点工作进一步明确了我国大学英语的改革方向，为全面推进大学英语教学改革准备了条件。

（4）成立大学外语教学指导委员会

为更好地指导大学英语教学，提升教学质量与效率，国家教委于1985年成立大学外语教材编审委员会，并于1991年将其改为高等学校大学外语教学指导委员会，全面负责大学外语教学大纲的制定、教材的审定等工作。这一时期，一批高质量的大学外语教材陆续问世，如复旦大学董亚芬教授审定的《大学英语》（1986年）、上海交通大学杨惠中教授和张彦斌教授主编的《大学核心英语》（1987年）、清华大学陆慈教授主编的《新英语教程》（1987年）等，为我国大学英语的快速发展奠定了基础。

5. 调整阶段（1999—2003年）

经过十余年的发展，我国大学英语教学已取得巨大成绩，但同时也存在一定程度的"聋子英语""哑巴英语"等问题。为解决大学英语教学中面临的困难，我国开始实施新的大学英语教学大纲，并积极推行大学英语口语测试工作和开展计算机网络教学，大学英语教学改革由此全面展开。我国大学英语教育步入短暂调整期。

（1）实施统一的大学英语教学大纲

随着大学英语教育的发展，人们发现1985年和1986年制定的理工科和文理科大学英语教学大纲共同点很多，类同明显，且随着高等教育的大扩招以及学校类型的不断变化，原有的两份教学大纲已难以满足新条件下大学英语的教育实际。为此，1999年教育部正式颁布《大学英语教学大纲（修订本）（高等学校本科用）》。这是我国第一份统一的、不区分学校类型的大学英语教学大纲，虽然在教学目的、教学要求、教学安排等方面与原有两份大纲差异不明显，但仍具有以下特点：①大纲面向所有类型高校的本科生，不再区分文理科、理工科学生；②首次提出"分类要求""因材施教"的理念；③仍将阅读能力作为大学英语教学的重点，但将听、说、写和译并列为第二层次，写和译的地位得到提升；④首次明确将大学英语四级定为全国各类高校均应达到的基本要求；⑤明确提出大学英语"四年不断线"的理念。1999年大纲是大学英语教学指导委员会在新条件下制定的一份临时性、具有一定过渡性质的教学大纲，但对稳定当时的大学英语教学起到了重要作用。

（2）开展大学英语口语测试工作

为了进一步提高大学英语四、六级考试的效度，使考试更好地为教学服务，促使各校把精力放在正常课堂教学，扎实提高学生的实际英语能力，避免应试教学。考试委员会从1993年开始进行新题型的研究工作。考试委员会经过两年的实验研究，并经国家教育委员会高等教育司批准，于1995年7月公布了第一批可能采用的两种题型英译汉和听写填空。

同时，为了使大学生更加重视英语口语学习，获得更强的英语口语交际能力，经教育部高教司批准，全国大学英语四、六级考试委员会1999年起开始施行大学英语四、六级考试口语考试。报考条件是近两年内参加过大学英语四、六级成绩在80分及以上、四级成绩在85分级以上的在校大学生。大学英语四、六级考试口语考试每年举行两次，分别在5月中旬和11月中旬举行。

（3）全面推进大学英语教学改革

为进一步提升大学英语教育质量，2002年教育部开始全面启动大学英语教学改革，并将大学英语教学改革列为2003年教育部启动的四项"高等学校教学质量和教学改革工程"的第二项工作，可见当时教育部对大学英语教学改革的重视程度。文件要求：①要广泛采用先进的信息技术，进一步推动基于计算机的英语教学改革；②改变过去单一的大学英语教学模式，大学英语教学的侧重点从阅读能力为主向综合应用能力转变；③进一步改革大学英语四、六级考试，发挥对大学英语教学改革的引导作用。2002年全面启动的大学英语教学改革，对提升大学英语教学质量、丰富大学英语教学资源、改革大学英语教学模式起到了重要作用，并且进一步提升了大学英语在高校中的地位。

（4）积极推进计算机网络教学

为顺应我国高等教育发展趋势，2001年教育部印发《关于加强高等学校本科教学工作提高教学质量的若干意见》的通知，提出应用现代教育技术提升教学水平。计算机网络技术逐步被引入大学英语教学。其中，上海交通大学申报的"大学英语"和华南理工大学等高校联合申报的"大学英语网络课程"分别获教育部资助，开启了我国大学英语教育的新模式。

6. 提高阶段（2004—2016年）

进入21世纪以来，特别是随着新教学大纲的颁布，我国大学英语教育渐趋平稳，进入稳步提高阶段。此阶段主要有三个标志：颁布全新的《大学英语课程教学要求》；大学英语教材建设进入立体化新阶段；深化教学模式改革。

（1）颁布《大学英语课程教学要求》

经过短暂调整，2004年我国颁布全新的《大学英语课程教学要求（试行）》，并于2007年正式发布。《大学英语课程教学要求》无论从思想理念，还是教学内容、呈现方式等方面均是一份崭新的文件，具有以下显著特点：①将教学大纲改为课程教学要求，强调对不同学校的分类指导，增加大学英语教育的自主性和可选择性，是一份指导性而非指令性大学英语教学文件；②首次明确将学习策略和跨文化交际能力纳入大学英语教学内容；③将原大纲提出的"着重提高学生的阅读能力"修改为"重点提高学生的听说能力"，学生应用英语的能力得到进一步凸显；④第一次明确提出综合英语类、语言技能类、语言应用类、语言文化类和专业英语类等必修课程与选修课程有机结合的大学英语课程新模式，但不列具体课程名称，便于各校研发校本课程；⑤将以往课堂教学为主改为课堂教学与计算机运用并重，充分利用新技术，提高教学效率。

（2）积极推进立体化教材建设

我国2004年颁布的《大学英语课程教学要求（试行）》中明确提出课堂教学与计算机辅助教学并重的新型教学模式，对我国外语教材影响深远，促成了纸质教材、光盘、计算机学习系统、网络、试题库等构成的立体化教材新模式,《新视野大学英语》(2002年)、《新时代交互英语》(2003年)、《新世纪大学英语》(2007年)等立体化教材逐渐普及,为我国大学英语教育质量的提升提供了保障。

(3)深化教学模式改革

随着计算机、网络等技术的兴起和广泛应用,以教师讲授为主的传统授课模式受到冲击,大学英语教学在坚持实用性、文化性和趣味性的基础上,充分汲取网络等现代信息技术,跳出时空限制,朝个性化、自主式方向发展,学生的主体地位得到进一步凸显,教学模式方面的改革特征明显。在坚持课堂教学优秀经验的基础上,计算机、网络、移动学习等新兴学习方式开始步入大学英语教育。

7. 多元化发展阶段(2017年—至今)

为落实教育部2010年颁布的《关于全面提高高等教育质量的若干意见》,高校大学英语教学指导委员会经过科学调研和系统设计,于2017年颁布全新的《大学英语教学指南》。该指南:(1)为回应对大学英语教学必要性的质疑,特设"前言"部分,析解大学英语课程的重要价值;(2)将大学英语的教学目标从重点培养听说能力转移到"培养学生的英语应用能力,增强跨文化交际意识和交际能力",对学生英语能力的要求更加全面;(3)删除大学英语为必修课程的规定,指出部分基础好的学生可以少修甚至免修大学英语;(4)将大学英语课程分为通用英语、专门用途英语和跨文化交际三部分,进一步丰富大学英语课程类型;(5)首次提出大学英语教学要服务于学校、院系和个人的发展需求,教学目标更为个性化;(6)倡导不断创新教学手段,鼓励教师使用慕课、微课等网络资源,实施基于课堂、慕课和翻转课堂的混合式教学模式,鼓励有条件的高校设立移动学习平台。

2017年颁布的《大学英语教学指南》,是我国高等教育质量提升工程的重要组成部分,是基于我国大学英语教育既有成绩,并根据高等教育发展趋势制定的一份全新的、共性与个性相结合的大学英语教学纲领性文件,大学英语教育更加多元。2019年,新一届大学英语教指委启动对该指南的修订工作,颁布《大学英语教学指南(2020版)》,首次提出课程思政教学理念,强调文化自信与价值导向,并注重与新颁布的《中国英语能力等级量表》的对接工作,在教学方法与手段、教师发展等方面也提出了新的要求,必将对新形势下大学英语教学发展产生深远影响。

二、大学英语教学的内涵

（一）大学英语教学概念

大学英语教学是指对大学英语这门课程开展的教学。我们指的大学英语教学是高等学校对非英语专业学生开设的一门公共基础课程的教学，具有明显的大学英语课程的教学属性。

教学的终极目的是培养全面发展的人，语言的教学离不开语言与文化的交织，语言是文化的载体，因而具有显著的文化属性。大学英语教学，本质上是以英语为母语的人文精神的教学。人文精神的核心思想是以人为本，是肯定对全面发展的人的一种价值追求，是教育及教学的灵魂所在。换言之，在大学英语课程教学的过程中，倘若抓住教学的骨髓——人文精神这一重要教学内容，也就抓住了提高大学英语教学效果的总开关，自然就抓住了大学英语教学价值核心，即融合在教师的"教"和学生的"学"的活动要素中，其间知识得到尊重，人性得以弘扬，这种教学反映了大学英语教学的本质内涵。

简言之，大学英语教学既要完成担任传授知识的工具性责任，又要完成担任传承文化的人文性责任，要在工具性和人文性之间戴着"镣铐"跳舞，保持融合。因此，我们认为：大学英语教学是以价值核心作为人的全面发展为依规，融知识技能和人文素养于一体，对大学英语课程展开追求知识与文化传承的师生互动过程。

（二）大学英语的性质

1. 大学英语由来

首先，"大学英语"一词，是由"大学"和"英语"两个词融合而成，"大学英语"是一门课程之名；其次，这里的"大学"，不同于通常意义上的大学之义，特指为了区别人才培养所言的基础教育和高等教育的不同层次差别，如小学、中学、大学的层次意义上的称谓。我们之所以使用"大学英语"取代"高校英语"的名称，也是因为学习者在三种层级中，其基本知识与教学目标即培养对象等方面均有很大的不同。所以作为课程的英语，便有了小学英语，中学英语，大学英语，当然还可以继续往上发展，如硕士英语、博士英语等。故本书的大学英语特指其学科定位在本科阶段的课程，即：大学英语是一门以非英语专业本科生为教学对象的公共基础必修课程，其课程意义主要是为大学生咨询和收集信息服务。

2. 性质界定明确

大学英语的性质有明确的界定。由于教育教学的发展，为了适应新时代的要求，2017年教育部公布了《大学英语教学指南》(2017)，它指出："大学英语课程兼有工具性和人文性的双重性质，大学英语教学目标是培养学生的英语应用能力，增强文化交际意识和交际能力，发展自主学习能力，提高综合文化素养，有效促进与使用英语，满足国家、社会、学校和个人发展的需要。[①]"

3. 学科属性清晰

大学英语归属于语言类学科，从分类来讲，属于文科类学科，是因为具有文科的特性品质；从教学来看，属于语言教学，是因为语言特征明显；从课程来分，属于综合，是因为内容兼有工具性和人文性。在我国，大学英语作为课程，它几乎成为所有高等学校为非英语专业在校大学生专门开设的一门公共必修基础课程，与大学体育和大学思想政治课程并列为大学课程里的三大公共必修基础课，在大学整个课程体系中大学英语课程长期开设，持续不变，占据重要地位。一般而言，大学英语课程设置完整，教材系列完备，教学严谨规范，价值意义重大。因此，其教学行为必须依据学科属性和语言特性施展，不能笼而统之，随意为之；必须根据大学英语课程教学的基本要求，融进英语语言知识、语言应用能力、英语习得策略、文化沟通交流的教学内容；必须依据科学合理的外语教学理论，采用灵活多样的教学方式与方法，遵照教学富有效益、合乎需求的价值原则，采取实用有效的融合性价值取向，大力开展大学英语教育教学活动，唯有这样的大学英语教学才是既符合《大学英语课程教学要求（试行）》以及《大学英语教学指南》的教学要求，更重要的是可以最终实现语言教学目标。

（三）大学英语的特点

1. 公共性

大学英语是面向非英语专业所有大学生开设的一门公共课，其具有明显的公共性属性。大学英语的公共性主要表现在两个方面：一方面，大学英语是面向所有非英语专业大学生的课程，可以说所有的专业都需要接受大学英语教育，但是在开展大学英语课程的时候，具体的要求却没有直接给出，如何进行教学也没有一个确切的标准，更没有明确的教学内容，这些弊端的存在，就使得现在的大学英语教育都只是泛泛而谈，而并非是一个科学的教学体系。也就说，大学英语是

---

① 教育部高等学校大学外语教学指导委员会.大学英语教学指南[M]北京：高等等教育出版社，2017（5）：4.

除了英语专业以外的所有大学生共同拥有的课程。另一方面，大学英语所涉及内容与英语专业所涉及内容不同，英语专业所涉及的英语主要是英语语言学和语用学上的深度元认知学习，而大学英语虽也会涉及一些基本的语言学和语用学知识，但更多涉及的是各专业大学生在听、说、读、写上反映出来的适合交际情境的公共性知识。正是大学英语的公共性决定了大学英语这门课程在各大学所开设课程中的重要地位。目前，我国高校开设的大学英语课程大多数都是各专业学生在前两年的4个学期里必修的课程，总学分为12分。

2. 工具性

大学英语是一门课程，其教学属于语言类教学，而语言有很多属性，其中作为交际性的工具特征就十分明显，语言是用来交流的工具就是这个意思。语言与工具性互为彼此存在，是你中有我，我中有你，它们须臾不能分离。因此，大学英语教学过程一般是如下程序：温习上次学习内容——导入这次所学内容——解释字词句段——布置课后作业。课堂教授教师占支配地位，学生被动接受，知识性传授是课堂的主要内容形式，字词句意的学习与掌握是教学的出发点和归宿，因而，其教学的工具性特点不言而喻。这种工具性价值取向的大学英语教学非常重视外在目的和结果，教学过程仅仅成了达到外在目的的手段。正因为采用这样的教学价值取向导致在教学过程中，"满堂灌""主讲静听""播音教学"等教学方法成了传统大学英语教学的主要方式。学生的情感态度、思想观念、文化差异、人格品质、学习情怀等人文性意识几乎可有可无。教学主体性中两大主体学生和教师地位不对等，师生关系被当作了客体与主体的不变关系，学生不自然地被看做了学习中的"客人"，以人为本的教学价值意识有意无意地被忽略，学生作为教学主体角色淡化，学习中"静听"与被动的状态磨灭了学生积极参与、共同探究、自主学习的热情，达不到教学目标所要求的语言交际能力与人文素养共同提升的目的。大学英语教学既是课堂理论教学也是社会实践性活动，通过学习——实践——再学习——再实践的方式，一方面理论素养得以提升，另一方面实践能力得到提高，其实践中工具性特征明显。

3. 人文性

作为一门语言课教学，"以外语为工具"的教学理念，还必须高度重视语言是形式与内容的统一体的语言本质，语言是社会文化生活的产物，是当作交流的工具，因此，人类社会活动中使用的语言，不仅是工具，也是思想、文化体现等，因此，强调工具性不能否认语言本身蕴含的人文性。"大学英语课程不仅是一门语言基础课程，也是拓宽知识、了解世界文化的素质教育课程，兼有工具性和人文性。大学英语教学不但要教给学生语言知识、技能，更应帮助学生学习和了解英语国家和地区的文化，了解中西方不同的思想观念及思维方式，使学生增长见识，开阔视野，培养批判性思维能力，进而提高学生的人文素养。[①]"这也是大学英语教学价值取向的应有之义。

语言是文化的载体（Culture-loaded），其本身就可以看作是一种文化的现象。大学英语教学涉及中西语言与文化的交融，通过融合与互补，各自的优势得以发挥，这种教学过程潜移默化地让学生浸润在两种语言知识与文化的海洋中，任意驰骋遨游。而大学英语教学的目的不仅是语言知识与技能的获取，更不是英语考试的通过，而是要运用知识技能应用在跨文化的交际中。所以，其教学人文性特征明显。

4. 基础性

《大学英语教学指南》（2017）指出："大学英语是高校教学中的一部分，在众多的课程中有着不可替代的位置，所以应该设置为大学在校生的基础课、必修课。[②]"该指南对教学基础性内容做出了一些描述，涉及英语知识与技能、跨文化交际意识和交际能力。这里的知识与技能、跨文化交际意识和交际能力既是大学英语教学目标要求，也是大学英语教学基础性的关键要素。大学英语的基础性还体现为：以掌握语言共核为主，掌握语言变体为辅。语言共核的掌握是学生进一步自学和深造的基础。对于任何一个人来说，要想把一种语言的所有内容都掌握是不可能的，大学生也一样。通常来说我们只能掌握语言中最常用的内容，比如在记忆单词的时候，我们一般只能记住比较核心的部分；对于语法的学习，也只是了解到常用内容；对于文化中习惯用语，更是只能知道和使用我们已经知道的部分；和别人用英语进行交流时，绝大多数的情况下，我们只会使用最常见的一些用语。也就是说"掌握语言共核就是大学英语教学的核心目标。[③]"这是其基础性的表现形式所在，由此可见，大学英语所具有基础性，也体现了其所涉内容的基本性。

大学英语基础性的另一个表现在于课程设置的时段。大学英语一般都是在大学一年级和二年级开设，其基本理由是：首先，与中学英语内容有一个基本的衔

---

① 中华人民共和国教育部高等教育司. 大学英语课程教学要求（试行）[M]. 上海：上海外语教育出版社，2007（3）：2.

② 高等学校大学外语教学指导委员会. 大学英语教学指南[M]. 上海：上海外语教育出版社，2014（6）：6.

③ 路利. 浅谈大学英语教学的特点[J]. 商丘师范学院学报，2002，18（3）：135-136.

接，有内容与难易程度的逻辑发展关联性比较明显；其次，教学目标上也体现教学的基本要求是英语基础知识与技能的获取以及文化意识的浸染。其基础性特征明显。

5. 跨文化性

培养大学生的跨文化交际能力是大学开设大学英语的主要目的之一。这是反映大学英语的跨文化性的根本所在。我们可从三个角度来理解大学英语的跨文化性：一方面，从我国大学生学习英语的环境来看，我国大学生作为拥有汉语文化背景的中国人学习英语，其同时受到汉语文化和英语文化的影响，其时常在两种文化之间纠结、理解和释然；另一方面，从我国大学生自身发展来看，在当今高度国际化的时代里，我国大学生作为高层次受教育者，他们需要走向国际，了解国际文化，因此，他们需要在汉语文化和英语文化之间进行沟通、协调和融合；再一方面，从我国大学生学习英语的行为本质来看，我们接受英语教育最终不是去发展英语文化，而是在学习并吸收英语文化的基础上，发扬中国文化。因此，大学英语教学过程中必须处理好，创新（吸收英语文化）与坚守（发扬中国文化）的关系。

6. 针对性

大学英语这门课程除了具有公共性和基础性之外，还具有针对性。大学英语的针对性，可从两个角度来理解。首先，大学英语应该结合各专业特点进行开设。虽然大学英语是面向所有非英语专业大学生开设的公共性课程，但面对不同专业的大学生，由于各专业自身的特点，其课程和教学的目标、内容等都应有所差异，以便满足大学生由于各自专业领域不同而产生的对英语知识的特殊需求。其次，大学英语在层次上不能简单重复中学的基础性学习，而应该体现对高层次人才的专门性培养。近年来，在我国高等教育大规模发展过程中，大学英语在具体的课程设置上出现了一些不利的因素，在这之中最为突出的就在于区别性，主要是和高中阶段课程的区别不够明显。我们将这两阶段的课程进行比较，他们在目的、方式和要求是都十分的相似，甚至可以说两者之间不存在任何的差异。高中阶段的教育是为了让学生通过学习获得一个较为综合的运用语言能力。而大学英语教学目标是培养学生的综合能力，既包括英语知识与技能，也包括跨使用英语进行文化交际的意识与交际的能力。这样的结果带来的影响使得大学英语在教学上处于一种尴尬的地位，原地踏步重复高中内容。因此，在全球化背景下，对于大学英语教学提出了新的要求，需要在原有的教学上有所提高，"将大学英语发展成能够适应社会需求的教学模式，提高学生的水平和社会适应性[①]"。其针对性特征明显。

7. 实践性

大学英语既是理论课教学也是实践性教学。其实践性可以从两个维度来理解：第一，英语的工具性决定了大学英语的实践性特征，工具的意义就是实践应用。英语是通向世界的工具，目前世界网络语言绝大部分是以英语出现，联合国工作语言中，英语排名第一，从实用性来说，如今英语当之无愧地成为语言霸主，其实践性特征明显；第二，实践性教学法逐渐盛行起来，可以从一个侧面印证大学英语的实践性特征。所谓实践教学法，顾名思义，是指依据教学目标要求与教学原则，运用所学知识与技能具体开展问题发现与分析并解决问题的过程。如教师教授课文变成学生演示课文，这不仅是教学方法的改变，更重要的是教学理念的变革。通过学生先前准备，再到课堂自我演示—相互讨论评价—思维碰撞—总结提升的教学过程，充分展现了实践性过程，有利于英语知识与技能的掌握与运用，这里的掌握与运用就是一种实践性过程，也符合大学英语工具性特征要求，进而增强实践能力。其实践性特征明显。

（四）大学英语的使命

1978年，教育部召开全国外语教育座谈会，全国人大常委会副委员长廖承志做了题为《加紧培养外语人才》的重要讲话其中讲到："我们在自力更生的基础上，引进外国技术，引进外国先进的设备，对实现四个现代化有很大帮助。这就需要将大量的外国资料翻译过来，同外国专家技术工人在一起工作，才能完成这个任务。""要赶上飞跃发展的形势，我们必须搞好外语教学，加紧培养外语人才……"[②]虽然该讲话中强调的外语人才主要是指外语专业人才，但外语教育的主要目的已很明确，那就是：为了更好地学习国外的先进技术和经验，我们必须培养外语人才，以促进我国经济的发展。

在过去，大学英语课程是以语言知识和技能教学为主，判断该课程教学效果可以通过四六级考试甚至研究生英语考试等等大型考试得到验证，那么时下大学英语教学效果定义应更长远、更全面，因为大学英语"是一个和社会需求化及国

---

① 秦茹萍.大学英语应从规范的统一教学向个性化教学发展[J].考试周刊，2010（45）：83-84.

② 王守仁.高校大学外语教育发展报告（1978-2008）[M].上海：上海外语教育出版化2008

家形势密切相关的课程"①。以"雨刮器翻译成抹布"为例,这不只是一个语言翻译问题,更包含了如何面对和解决跨文化交际中新事物的态度和方法等等。时下外语翻译工具已经非常丰富,诸如:各种网络词典、电子词典,免费或者付费的机器翻译软件,国内外各种相关的专业网站等等。在这样的条件下,一个从普通汽车到高铁都需要用到的配件竟然会被错译并引发严重后果,反映出我们的相关人员在面对翻译问题时缺乏正确的态度和方法。大学英语不仅应该帮助学生在校期间掌握良好的语言能力,让学生通过体验获得解决跨文化交际问题的能力,还要帮助学生具有能够持续发展其语言的能力,这样他们才能应对和胜任未来的挑战。这样的教学才是大学英语教学应该追求的目标,才是名副其实的大学英语教学。

(五)大学英语教学价值

1. 促进学生的发展

教育是人类生活的一种特殊形式,与人类相伴而生,其目的是促进人的发展,这是所有教育活动的固有价值与功能。教学作为教育的下位概念,促进人发展的功能也是其固有功能。大学英语教学作为教学的下位概念,促进大学生的发展也是其内在的价值。对比教育、教学与大学英语教学三者之间的关系,三者之间存在层级性,而大学英语教学属于最低层级,也是操作性最强的一种教育形式,因此我们这里主要是从大学英语教学本身出发讨论大学英语促进学生发展的价值。根据2017年教育部颁布的《大学英语教学指南》(2017):"大学英语对教学具有提高综合文化素养,以适应我国社会发展和国际交流的需要。②"基于这样的教学目标,大学英语教学促使大学生的全面发展主要通过两种途径来实现,即提升大学生的人文素养与国际交流能力的提升。

2. 促进学校的提升

学校是教学的载体,教学是学校的本质功能,二者是相互依存的关系。高校与教学的关系是先有学校后有教学,教学是维护学校存在之需要,也是促进学校发展与进步的需要,因此教学是高校必需的构成要素,是学校进步与发展的动力源。大学英语教学作为大学教学的重要教学形式,其存在同样是我国教育发展之需,也是我国高校发展的需要。这是从纯教学的视角对大学英语教学价值展开的讨论。具体到课程教学的层面,每门课程教学同时具有自身的有别于其他课程教

---

① 蔡基刚. 大学英语生存危机及其学科地位研究 [J] 中国大学教学,2013(2):12.
② 教育部高等学校大学外语教学指导委员会. 大学英语教学指南 [M] 北京:高等等教育出版社,2017

学的价值。在此视角上,大学英语作为一门以外国语言为表现形式的,同时也是涉及国外社会、文化、经济、教育以及科研的课程,其存在本身具有促进学校提升的价值。

3. 促进社会的进步

从人类社会发展的历史来看,人类社会的发展历史事实上是一部技术史,几乎人类社会的进步都是围绕技术的革新而进行的。技术的更新带动了生产生活观念、知识与方式的更新,从而使得整个人类社会在技术更新的带动下向前不断发展。技术更新的源头是人的更新,最核心的是人观念的更新。追溯人的观念更新的源头,人的观念的更新需要人类社会良好的环境,它是人类观念更新最基本的保障条件。

4. 促进文化传承

从广义的视角而言,所有的教育皆可视为文化素质教育,即教育都具备促进文化素质教育发展的功能。这是教育的本质功能之所在。从文化素质教育的视角而言,大学英语教学本身是文化传播、传承与创造的活动,通过教学活动学生的文化素质得以提升,在此意义上,我们认为大学英语教学具备这样的功能,既可以促进文化繁荣,也可以促进文化传承。具体来讲,其促进文化传承的教学价值有两个方面,即促进多民族的繁荣与推动文化的输入与输出。

第二节 高校英语教学的师与生

一、高校英语教师

(一)英语教师相关概念

1. 教师身份

与教师身份相关的一个概念是教师专业身份。教师专业身份的定义要基于三个范畴:教师教授的学科,和学生的关系以及教师的角色或角色概念。教师专业身份源于对三种身份的综合认识:教师看待自己作为学科专家的方式,学科专家把学科知识和技能看作教师职业的基础;教师看待自己作为教育专家的方式,教育专家把支持学生社会、情感和道德发展的知识和技能看作教师职业的基础;教师看待自己作为教学专家的方式,教学专家把计划、执行和评价教和学的过程的知识技能看作教师职业的基础。有研究者认为：教师专业身份包括四个维度：教师职责观念（教师关于自己的职责以及对合格的教师应具有的业务知识、能力和素质的看法）；自我效能感（对自己作为教师的能力和效果的看法）；工作价值观（对从事教师专业实现自身价值和被认可程度的期待）；工作价值感（对自己的工作价值实现程度的真实感受）。教师专业身份处于教学职业的核心位置，教师专业身份和教师的自我概念和形象相关，这些自我概念和形象决定了教师的教学方式、教师的发展模式、对教育变革的态度。教师专业身份强调教师的角色；强调反思和自我评价在教师专业发展中的重要性；是教师联系环境和他人理解自我的一种工具；它受到社会对教师的期待和教师自我认识的影响。

2. 英语教师身份的定义

自 20 世纪 90 年代中期起，英语教师身份研究逐渐进入语言教育学者的视野。英语教师身份分为五个基本维度和两个高级维度。五个基本维度分别是：(1)与英语语言相关的身份。英语教师身份和他的语言背景、语言能力紧密相关。教授语言不仅需要教师具备有关语言的知识而且要有与学生沟通的语言能力。(2)学科身份。作为英语教师，通过教学经验的积累或正规教育的学习来拥有某一学科领域的知识。(3)与环境相关的身份。英语教师必须了解环境会给教学实践带来各种各样的制约或机遇，这包括有利环境和不利环境。这些环境因素会对教师身份发展产生极大的影响。(4)自我知识和意识。自我知识是隐形的，自我知识和意识是教师具备的一种基本能力，意识到自己的优势和缺点，最大程度的优化自己的教学。(5)和学生相关的身份。英语教师自然地发展专业知识越来越熟练地促进学生学习，关注学生是有经验的教师行为的一种特征。两个高级维度分别是：(1)实践和回应的教学技能。教学技能可以被看作是可以操作性的学科和教学知识，在教师的教学行为中与个人、环境特征和知识整合在一起。(2)在实践社区和职业社区中的成员资格。英语教师身份的一个方面在于教师与周围一个或多个实践社区的联系，实践社区指教师所在的学校单位，或国内与国际上其他地方的学校和社区。

（二）英语教师领导力

1. 教师领导力概念

教师领导力（Teacher Leadership）的概念最早是在一篇题为《Teacher Leadership：Ideology and Practice》《教师领导力：思想和实践》文中首次提出的，引介到国内已有近 10 年的时间，但至今学术界对教师领导力的定义尚未达成共识。

教师领导力的发展划分为三个阶段：第一阶段教师通过被赋予的正式领导角色行使领导力，如系主任、教研组长、首席教师等。教师以管理者的身份发挥领导力时，人们更多关注的是处理行政事务的效果和效率，忽略了在教学中的领导。这一阶段实施教师领导力的目的不是为了变革学校而是为了确保现存体制更加有效地运转；第二阶段开始承认教师在教学上的领导地位，通过任命教师为团队领导者、课程设计者和新教师导师等，充分利用教师的教学专长；第三阶段教师领导观点融合了教学和领导的概念。教师领导力是教师在履行教学职责过程中展现出的领导能力，是教师日常工作的一部分，而不是形式化的职位责任。另外，国内研究者关于"教师领导力"的阐释，通常有三个视角：第一是能力视角，将教师领导力视为一种集体的能力，是将所有的教师凝聚在一起，促进自身专业发展，以及改善教育服务的"纽带"；第二是影响力视角，将教师领导力看作教师在群体活动中，通过自身权力性要素和非权力性要素的相互作用，形成的对组织及其组织成员的一种综合性影响力；第三是过程视角，将领导力看作教师领导者影响他人以实现特定目标的过程，强调的是领导行为。

教师领导力超越课堂范围，教师在课堂内外发挥领导作用，对学生、同事、管理者、家长甚至社区等产生的积极影响力。教师领导力的核心是专业影响力，教师领导力本质上是非等级制的，而是基于自身的专业化水平和"晓以道义的劝告"这种不论是否担任行政职位都能行使的领导力称为"隐形领导力"，也就是非正式的教师领导力。

2. 教师领导力的组成

（1）教学领导力

教学领导力是指教师为了促进学生的学习与发展，不断地反思教学，批判性地持续改进自己的教学，通过开展教学研究，产生新的教学知识，从而提升教师课堂教学的有效性。具体来说，教师的教学领导力主要体现在：反思教学实践、持续改进教学、开展教学研究和更新教学知识。

（2）同伴领导力

同伴领导力是指教师不仅关注自身的课堂教学，还积极地帮助同伴，在合作中通过自身专业发展带动其他教师进行可持续的专业发展。具体来说，教师的同伴领导力体现在：提供示范课程、观摩同伴课堂、分享教育知识、提供专业发展机会和引领学习共同体。

（3）决策领导力

根据本书的概念界定，决策领导力是教师领导力的更高层次，是指教师在学校事务决策中的领导力。教师通过参与学校决策，使得领导决策有效改善，进而推动学校发展具体来体现在：参与制定学院发展规划、参与课程规划与建设、参与教师考核评价和职称评定。

3. 阻碍英语教师领导力发展的影响因素

（1）传统观念的束缚

英语教育传统观念限制了英语教师对教学改革的大胆实施，教师们习惯于自上而下的教学改革，习惯于被动接受而非主动参与。目前，英语教师教学引领力总体状况良好，教师对自己的课堂教学技能比较自信，但是在主动推进教学革新和提高教学质量方面仍有提升空间。

（2）组织文化的壁垒

校长、学院院长和教师的传统角色和形象根深蒂固，学校的文化不利于教师打破等级壁垒，担任平等的领导角色。教师能否成为专业领导者，很大程度上取决于高校管理层是否能真正赋权给教师。学校管理层的支持是教师专业领导者成功的关键因素。管理层支持不足，实现教师专业领导的可能性就会大大降低。英语教师在学校地位和权力的缺失阻碍了他们专业领导力的发挥。

（3）专业领导技能和经验的缺乏

缺乏自信和专业领导技能是教师拒绝成为教师专业领导者的重要原因。高校英语教师专业领导力自我评价的整体水平中等，组织维度、学习维度和学术维度评价较低。

4. 高校英语教师领导力发展建议

（1）开展教师领导教育。

要成为教师领导者，教师不仅需要丰富的专业知识和技能，还需要大量的领导知识和技能，如极强的沟通能力和人际交往的技巧。沟通能力的高低影响团队的人际关系，而良好的人际关系是教师领导力有效发挥的重要因素。不是所有老师天生都具有这些领导知识和技能，更多可能是后天习得的。大多数教师领导者还只是单纯的经验领导者，而领导知识是保证其从经验型领导转为专业领导的必修课程。要成为教师领导者，教师不仅需要丰富的专业知识和技能，还需要大量的领导知识和技能，如极强的沟通能力和人际交往的技巧。

①注重教师领导教育在内容上的综合性。既要有学科知识、教育教学知识和技能，还要涵盖领导力的知识。

②注重教师领导教育在规划上的系统性。学校应该从宏观层面制定教师领导力培训标准和评价体系，重视培训中对教师的考核。

③注重教师领导教育在对象上的针对性。学校管理层应该对处于不同职业发展阶段教师，尤其注重高级职称教师的继续发展。结合其个性特点和个人职业规划开展针对性的培训课程，挖掘每位教师的优势和专长，为之搭建展示和合作平台，助力每位教师发挥其引领辐射作用。

④注重教师领导教育在方式上的多样性。一方面，结合本校实际开展校本教师领导教育，引进或开发一套"教师领导力"培训课程，由校长、教师领导者、专家团队共同对教师进行培训。另一方面，借助互联网开展网络培训，教师可利用自身的空余时间学习，克服地域和时间的不便，使培训更加灵活便捷。

（2）搭建支持教师领导力的组织平台，培养教师之间的深层次合作

在课堂教学之外（包括备课与教学），教师们很少能够有更多的时间去开展交流活动，这是制约教师领导力开发的关键问题。适当减少教师的课时，缩小教职员工之间的距离，组织成员之间接触和交谈，为教师提供交流讨论的机会、合作解决问题的机会、共享信息和资源的机会。以组织、研讨会和培训等学习形式将教师与更广泛的专业联系起来，通过形成教师共同体，激励教师在团队中发挥领导力。如学校可以安排一些时间让老师们相互合作，打破各课程组相互孤立的局面，组织跨课程组的公开教研活动。

（3）营造合作、开放和共享的校园文化

具体来说，应该让学校的全体教师都具有分享领导权的意识，并且都拥有一个共同愿景，让共享和分权的理念渗入到学校文化之中。鼓励教师参与决策制定，增进组织成员对决策过程的了解，以激发成员的责任心。积极的校园文化既能有助于高层管理者的领导，又能支持教师领导力的释放。

（三）教师角色的历史变迁

角色是特定情景下根据剧本而进行的舞台表演个体，舞台、剧本和情景是角色的主要变量。世界是舞台，人生是戏剧，这种隐喻道出了符号互动论的精髓。个体和社会的关系问题在符号互动论中被操作化为角色表演，第一个变量是舞台。大学英语教师的舞台包括前台和后台，前台主要是多媒体设备、摄像监控、相关配套和有学生在场的教室，后台灵活无定形，是教学会议、同事间的谈话、家中备课、图书馆数据库等。前台和后台之间既有一致，也有不一致，气宇轩昂的前台教师在后台可能慵懒，也可能在改作业的时候无比气恼。第二个变量是剧本。剧本是外界给定的、制度化的，对于教师而言是客观和刚性的，如《教育法》《大学英语教学指南》《大学英语课程教学基本要求》《华中科技大学教学学生评教实

施办法》、课堂教材等。除了上课外，还有各种被量化的科研指标，指标与金钱挂钩。如何内化并以前台表演的形式呈现这些剧本并非易事，因为这些不同部门、自带不同利益诉求的剧本难免有矛盾。例如，大学英语究竟是工具性技能传授，还是通识教育的一部分？如果是前者，所有的科研产出围绕教学就是合理的；如果是后者，任何涉及人的科学研究成果都是学术的。第三个变量是情景。情景是变化的，如何应景考验教师的表演才华。工科学生在课堂上沉默寡言，这不利于语言课堂，要设计课堂活动"撬"开他们的嘴巴；信息时代充斥着各种英语资源，"传声筒"的角色无法吸引观众；熬了一个通宵做作业的学生第二天上午想在英语课堂上补觉，教师怎么办？一天要上 8 节课，偶尔坐下来被认为不符合剧本要求。一些人热爱教学并投入无限时间联通前台和后台，他们是最好的教学法，是热情的践行者；一些人可能把主要时间用于论文，因为学术声誉带来更多物质利益；还有一些人很好地平衡教学和科研，但可能付出家庭或健康代价。教学、科研和社会服务三位一体的角色要求是这个时代进步的动力之一，尽管有时感到疲惫，看到国家蒸蒸日上、改善了的物质生活和学生的感谢信，也觉得值得，更多的时候，我们感受到的是情景、剧本和舞台的不一致导致的角色紧张。

角色表演要求情景、剧本和舞台一致，不一致就会出现角色压力。教师角色因其公开性是高度社会化的，成年教学对象对大学英语教师提出的角色要求很高。信息社会正在解构教师的舞台，给剧本加入互动因素，单一情景变成多情景。15年前，教材、音频、图片是主要道具，并且为教师专享，而现在这些道具基本吸引不了00后大学生，各种电子产品提供了更多、更好的教学内容，从传统纸质媒体到多媒体再到超媒体的进化带来了海量内容。尽管我们现在固守人人一套教材的传统，但无所不能的互联网改变了获取知识和训练技能的渠道，共享、互通、互动使得教室的讲台显得自大和无知，学生认为通过手机、电脑、电影院等学习英语没什么不好。初入教职时，无知学生的调皮捣蛋让人心烦，而现在时时自责是否具有大学教师的能力。当一个人需要履行的特定角色由于过度的义务需求或时间、精力及可用资源不够导致紧张时，角色压力就会出现。调查表明，高校教师群体整体上承受了中高度压力，两个主要压力源是角色冲突和角色超载。就大学英语教师群体而言，角色冲突至少包括两方面。一方面，对于行为、收入、评价、身份等方面的理想与实际角色不符。一般认为，大学教师是有一定社会声望的职业，并有相适应的学术生活、收入和福利。实际上，大学英语教师以教学为主，整体收入和福利水平并不高。另一方面，社会转型带来新角色和旧角色的冲突。工业化、全球化和现代化社会转型要求大学英语教师能熟练使用信息技术，能谙熟古今中外典故，用英语讲述中国故事等，大部分大学英语教师的知识结构难以匹配这些要求。角色超载则是指，大部分大学英语教师的周课时是16节，这是教师没有发言权的组织行为。教师的教学工作量遥遥领先，这种遥遥领先让少量教师专攻学术研究，而大部分教师从事教学，并通过科研优先的评价体系将这两个群体推到不同的轨迹，产生持久的路径依赖。

总体来看，大学英语教师的角色压力是社会发展过程中的问题。米尔斯的社会学想象力概念揭示了困境的范围与性质之关系：如果一个人饱受困扰，周围人其乐融融，困境与个人能力有关；如果群体内多数人忧心忡忡，困境原因是社会性的。某高校副院长曾警示大家，大学英语在网络调查中被列为高校"水课"之首，"水课"意指质量差，不受学生认可，与"金课"相对立。语言是社会性的，网络语言捕捉了时代变迁，毋庸置疑地折射了大学英语教学以及相关教师的群体性困境。从性别角度看，大学英语教学是女性偏多的职业，弱势性别和弱势学科具有叠加效应。在理工科占绝对优势的高校，性别化的大学英语只能居于边缘。近十年来，有许多英语教师转岗，有些还是教学竞赛奖获得者，从教师角色转变为教学管理角色是自我角色调整和组织压力的结果。角色表演要求人性化自我与社会化自我达成一致，但实际上两者间存在持续张力。

如何缓解角色压力？压力源于结构，结构是相对稳定而反复出现的各因素关系，所以改变因素关系能缓解压力；各因素都有功能，改变因素关系意味着功能关系的调整。教师角色是多个角色形成的结构，教师角色结构自社会分工分化出教师以来就持续变化。古典教师角色以对真知的求索为出发点，以对文化的继承为平衡点，以对责任的传递为着力点，他们是真知的先行者、文化的薪传者和责任的承载者。建立在市场理性基础上的工业社会解构了传统社会关系，谋生技能或赚钱能力成为受教育者的首要需求，真知、文化与传承等价值观显得落寞而迂腐。通过考试遴选人才是工业社会科层制的要求，考试的指挥棒效应影响每一位教师的生存和发展，教师是知识的传授者、行为的规训者和"无思"的平庸者。

随着传统社会到工业社会的转型，教师从灵魂工程师到教书匠的转变不可避免。后工业社会呈现了复杂而矛盾的景观，一方面，网络化抹平了世界，知识似乎在超媒体上唾手可得，短、平、快的市场培训冲击了常规校园教学；另一方面，虽然大部分人的绝对财富在增长，但就社会比较而言，网络更有利于精英阶层获得更多新增财富。后工业社会有三大力量塑造生活的样式，政治决定财富的生产和分配，商业决定工作的配置和待遇，媒体决定信息的披露和操控，这三者分别以意识形态、就业市场和社会心态的途径渗透到教育中。后工业社会为教师角色设置的舞台、剧本和情景既有传承也有变革，他们仍然是知识传授者，还必须是知识批判者，因为信息需要被甄别真伪；他们仍然是行为的规训者，还必须是行为的建构者，因为社会正经历重建；他们不再是无思的平庸者，而是过去和未来的引领者，因为人们需要在碎片化时代寻找精神家园。总体看，后工业社会教师的角色结构更复杂而多元，他们需要引导青年精英们拥抱主流文化、适应市场需求、持积极生活态度进入社会。

二、高校英语教学的学生

（一）英语教学中发挥学生主体作用的意义

1. 有利于实现因材施教的理念

传统的英语教学采用"满堂灌"的教学方式，把学生当成学习英语的机器，一味地向学生灌输英语知识，造成了学生被动地学习，不利于英语学习习惯的养成。在新时期，发挥学生的主体地位被提上日程，越来越多的英语教师进行积极的尝试和探讨，从教学理念、教学方式、教学资源等多个方面进行改进，让学生获取了学习的动力，给不同水平的学生设计差异化的教学方案，促进全体学生的共同进步。当学生感受到教师的重视时，他们的上进心就会增强，积极配合英语教师完成教学任务，全面提高英语课堂的教学效率。

2. 有利于学生主动探求新知识

以前学生不懂得学习英语是为了什么，总是敷衍教师和家长，他们也不会主动学习英语。究其原因在于英语教师没有将教学目标落到实处，缺少与学生之间的交流。因此，英语教师要向学生讲解英语学科的特点，让学生准确把握英语教学目标，消除学生对英语学科的误解，真正在英语课堂收获知识、技能和素养。学生的主体地位增强，他们就会更加积极、主动地探求新知识，发挥英语思维能力，在英语实践活动中展现自己的风采，更好地锻炼英语综合能力，传承优秀的中国传统文化。

（二）英语教学中发挥学生主体作用的策略

1. 明确教学目标，激发学生学习兴趣

学生是学习的主体，是课堂的主人，英语教师要以学生为课堂教学的中心，挖掘学生的英语潜力，构建轻松、高效的课堂情境，激发学生的学习兴趣。在英语教学中，要想方设法地发挥学生的主体作用，促进学生对英语知识的掌握，使学生不断进步，并逐渐养成正确的学习习惯。英语教师要深入学习教学目标的理论知识，明确教学目标的内涵，将教学目标渗透到课堂教学的各个环节，使学生获取更多英语知识，形成系统化的学习方法，推动英语教学的快速发展。为了让学生可以在课堂上活跃起来，英语教师应该避免以前"考什么"就"教什么"的应试教育思想，给学生创造独立思考的空间，做出深度学习的示范，培养学生独立思考的能力。积极改变教学模式，增强教学的针对性和有效性，引导学生优化自身学习模式，为学习新知识打牢基础。很多学生听课习惯不好，总是不能集中精力，有时候会受到外界因素的影响，英语教师要采用启发讲解、设疑激趣等方式，让学生将学习兴趣转化为内在的动力，鼓舞和激励学生内心的情感体验。

2. 落实因材施教，突出英语交际功能

英语作为一门语言学科，对学生的交际能力要求较高，目前来看，很多学生都存在着一个共性问题，那就是只会做题，不会说英语。英语教师应该从实际学情入手，给学生创造英语交际的机会，让学生敢于说英语，运用英语解决实际问题。学生的英语水平存在差别，英语教师在开展英语口语活动的时候要做好因材施教，避免伤害学生的自信心和自尊心，既要帮助学困生找到英语口语的动力，又要提高优等生的英语口语素养，达到全体学生共同进步的目的。英语教师可以采用任务驱动的教学形式，对于不同水平的学生设计不同难度的口语任务，要求学生通过自己的努力去完成。每一个英语口语任务都是英语教师精心设计的，学生需要认真地查看资料、反复地练习，才能够顺利地解决问题。在任务的驱动下，每个学生都掌握了学习的主动权，更好地接受新知识和新理念，形成积极向上的学习氛围。英语教师要经常组织课本剧表演，学生不仅可以对课本内容有深层次的理解，还使学生的表现能力和交际能力得到增强，让学生以乐观的心态去面对英语学习。英语教师还可以定期组织学生进行思想交流活动，了解学生的内心感受，引导学生对英语教师提出意见，以便教师更好地因材施教。

3. 加强自主学习，提高原著阅读能力

课外英文原著阅读的自主学习方式，一直以来都被英语专业学生所采纳，目前国内研究也大多集中于英语专业学生，鲜少有非英语专业的学生大规模地进行这种训练，学校要利用好网络平台给学生们提供阅读材料，通过课程评估的方式，将学生的阅读情况记录下来，并将阅读结果纳入学期期末考试英语成绩的评估之中，有效激励学生进行英文原著的阅读，促进学生英语阅读能力的发展。

4. 指导学习技巧，消除学生畏难情绪

有些学生花费了很多精力去学习英语，但是效果并不好，这在一定程度上打击了他们的积极性，使学生逐渐对英语失去信心。为此，英语教师在教学时应创新教学策略，充分调动学生的参与热情，给学生提供学习方法的指导，让学生学到具有趣味性和实用性的英语，为以后的学习和生活奠定坚实的基础。英语教师应该帮助学生梳理英语知识框架，指导英语学习技巧，使学生重新建立学习英语的自信，在学习英语的道路上走得更远。英语教师要注重学生主体作用的发挥和培养，挖掘英语教学的新模式，让学生懂得怎样去学习英语，消除学生的畏难情绪，提高学生的语言运用能力。要让学生了解英语学习的规律，保持渐进性和持续性，通过长期的积累和实践，使自身的英语词汇、语法知识、口语水平、写作能力等得到全方位的提升。英语学习没有捷径，教师要让学生广泛地阅读英语素材，拓宽英语知识面，通过量变实现质变，避免产生付出时间学习英语而学习实效不高的现象。英语教师还要指导学生合理规划学习英语时间，安排科学的时间表，利用零散时间进行学习，争取达到事半功倍的效果。要让学生学会正确面对失败，不要因为英语成绩上升就沾沾自喜，也不要因为英语成绩下降就自暴自弃，学习英语要不怕困难，坚持到底，才能达到成功的巅峰。

5. 优化师生关系，时刻关注学生感受

在英语课堂上，英语教师是配角，学生是主角，只有明确了这一点，才能够让英语教学发挥实效，带给学生更大的进步。因此，英语教师应该注重优化师生关系，给学生做好引路人，为学生提供学习所需的帮助，时刻关心学生的学习感受，营造温馨、和谐的课堂氛围，让学生对英语学习保持高度的热情。首先，英语教师要走入学生当中，与学生成为学习和生活中的朋友，放下高高在上的姿态，获取学生的信任，对学生的学习状况有一个清晰、直观的认识，这样才能够搭建教师与学生之间的沟通渠道，促进和谐师生关系的构建。其次，英语教师要善于倾听学生的想法，能够与学生互相交换意见，为每个学生建立一个成长档案袋，将学生在英语学习中的点滴记录下来，到期末的时候就可以对学生进行全面的点评，还能够看到学生的进步情况，成为英语教学的有力工具。再次，英语教师可以利用课余时间与学生进行互动游戏，也可以带领学生观看英语电影等，不仅打开了学生的心扉，还使英语教学更加简单。学生对英语课堂产生了兴趣，他们自然而然会成为课堂的主人，享受英语学习的乐趣。

6. 开发实践活动，营造和谐课堂氛围

英语教师要开发丰富多彩的英语实践活动，锻炼学生的英语能力，挖掘学生的英语天赋，成就学生的英语梦想。在信息化时代，电子产品已经得到了普及，很多学生沉迷于网络不能自拔，耽误了学业。英语教师可以发挥网络的优势，创新英语活动方式，将英语游戏与网络进行有机结合，让学生在玩游戏的过程中产生创造性的思维火花，逐渐形成良好的学习风气。英语实践活动可以优化学生的思维，发展学生的能力，英语教师要设计不同的活动主题，采用学生喜闻乐见的活动方式，尽可能地覆盖所学的英语知识，学生一边参与活动，一边增长生活经验。而且，英语教师要提高实践活动的效率，做好提前规划设计，对实践活动的可行性进行分析和预测，灵活采用多种实践方案，使学生愿意主动去操作。实践活动结束后，要做好点评和反思工作，让学生知道自己的优势和不足，能够认真进行改进和提升，在下一次实践活动中发挥出自己最佳的状态，使学生的英语核心素养得到提升。教师每次组织英语实践活动都要遵循学生的认知规律，并且教师要参与到活动中，优化师生关系，使英语课堂充满欢声笑语，让学生感受到学习英语的重要性与成就感，愉快地进行学习，充分发挥学生主体的作用。

第三节 高校英语教学评价研究

一、教学评价的涵义

（一）教学评价的概念

教学评价是根据教学目标和教学原则的要求在教学活动中系统地收集信息、综合信息和分析信息并对教学过程和教学成果进行价值判断的过程。教学评价通过收集学生日常学习、教师教学以及课堂学习气氛的信息可以判断学生各项能力的发展水平以及发展潜力等等。此外，教学评价还可以帮助教师针对学生个体为学生的个体发展提出建设性的意见，从而提高课堂效率。

（二）教学评价的类别

在教学评价的分类当中，按照评价的目的可以分为三种：诊断性评价、形成性评价和终结性评价。因为在班级教学中每个学生的拥有的能力和技能是不同的，因此，需要教师能够量体裁衣为学生个体提供合理的发展建议。

1. 诊断性评价

对问题的诊断即为诊断性评价。学生作为一个完整的人在日常的课堂学习中会在学习上遇到问题，如听不懂教师授课内容、注意力不集中、走神或者遭遇学习的高原期等等，此外，还有情感和社交方面的问题，比如处理生生关系、师生关系是否得心应手，与人合作是否发生冲突，难以解决等等。作为教师应从理解的角度选择恰当的方法帮助学生度过困难。在此，考试成绩只作为评价的一部分，它只记录学生对某一个项目的完成进度情况。教师可以通过分析评价所得的信息获得有效的反馈并经过思考采取办法帮助学生使其对学习产生兴趣，提高学习效率。由相关人员编制的测试题，在实际教学活动中师生之间的问答等方式都可以应用。

2. 形成性评价

作为教与学环节中不可或缺的一部分，形成性评价动态地描述了学生的整体情况。形成性评价旨在帮助学生在学习过程中掌握基础知识和基本技能的同时培养学生的自尊心和自信心，帮助学生激发对学科的兴趣以及教会学生学会有效调控自己的学习过程并获得成就感。此种评价方式有利于教师了解学生学习进程并帮助其制定合理的适合个体发展的计划。师生之间的谈话、教师对学生的口头表扬、小组互评以及档案袋等评价方式都可以采用。

作为教与学环节中不可或缺的一部分，形成性评价动态地描述了学生的整体情况。通过形成性评价可以了解学生对基础知识和基本能力，掌握的同时还能了解学生在学习过程中情感态度以及价值观的形成和发展。教师可以通过评价结果得到有效的反馈信息，及时调整教学方案促进学生的发展。

经过调查研究发现教师通过实施形成性评价可以帮助学生总结自己在学习过程中的缺陷与不足并反思自己的学习过程，激励学生树立信心完成学习目标与此同时记录自己的成长过程，因此形成性评价具有诊断促进功能、反馈激励功能、反思总结功能、记录成长功能。

3. 终结性评价

终结性评价是学生在经过一段时间的学习后，为了测量其对此阶段基础知识的掌握情况而进行的评价。学生常常经过一段时间的学习和准备，测试结果以甄别和选拔为目的。终结性评价所采用的形式较为常见和固定，如期中考试、期末考试、中考、高考等。

英语教学评价是指英语课堂教学实施中的评价。作者认为，英语教学评价，是指依据英语教学的课程目标，对学生的英语学习过程、教师的课堂教学和学校组织实施英语课程的评价。

二、教学评价的理论依据

（一）系统论

系统论是研究系统的一般模式、结构和规律的学问。系统论的发展大致经历了古代、近代、辩证唯物主义和现代系统论四大阶段。在系统论出现以前进行问题研究时，大多是将事物或问题进行分解，通过个别性质解释整体的复杂事物或问题，然而随着事物的飞速发展，其综合化与复杂化的特点日趋明显，传统分析方法解决便稍显乏力。而系统论的出现，能够纵观全局，为现代复杂问题的分析与解决提供有效的方式。一般系统论提出后，系统论相关研究开始得到进步与发展，现将系统论主要阐述的基本观点总结如下：

1. 系统的整体性原理

系统的整体性是系统论的核心观点，也是最本质的属性所在。系统之所以成为系统，首先必须要有整体性。整体性强调整体观念，可以从以下两大方面的基本内容理解：一是任何系统作为一个有机整体，都是由许多要素组成，且这若干要素并不杂乱无章各为一体，而是相互影响、制约以及作用，从而形成一个有机的整体。二是系统的功能体现出非加和性，即系统的功能与各要素功能的机械组合和单纯相加并不等同，系统会突显出新的特性与功能，而这些新特性、新功能是各要素所不具备的，即表现为 1+1>2。

2. 系统的层次性原理

层次性是系统论的基本属性之一。作为一个复杂系统，结构与功能必不可少，同时结构与功能也是具有层次与等级之分的，形成了具有质的差异的系统等级。任何组成系统的组分也可被看作是一个低层次的子系统，而我们所研究的系统也可以被看作是更大系统的组分，不同层次的系统发挥着各自的功能。高层次的系统是由若干低层次子系统相互配合、作用构成，具备低层并未拥有的性能；而低层子系统从属于高层，同时受到高层次系统的约束。

3. 系统的开放性原理

我们所处的世界是开放的世界，存在着各式各样的系统，无论其系统归属何种门类，都存在于开放环境中。系统论认为，作为一个开放系统，要与环境之间持续存在交换关系，即为了实现自身稳定、优化，系统既要从环境中输入，诸如物质、能量、信息等，又要向环境中输出，对环境起到重新塑造的作用。只有这样，系统才能长久地生存、延续，朝着更完善的方向发展。系统的开放性是系统发展的前提，也是系统得以稳定存在的条件。

（二）多元智能理论

该理论认为每个人都有各自的智能优势与智能弱势，对每个人的评价应该根据不同情况采用不同的评价标准与评价方法。

多元智力理论改变了传统的智力理论，认为人类的思维和认知是多元的，大多数人可以使这八种智能发展到完全的能力水平。人的智力通常相互影响并以独立的方式存在。总之，加德纳的智能理论强调多样性，文化差异，实用性和发展。加德纳认为，这八种智能是最基本的，每个人都有这八种智能的潜力。

加德纳（Gardner，1983）将此确定为三种才能：第一，解决现实生活中问题的能力；第二，解决问题，提出问题和解决问题的能力；第三，具有为文化提供有价值的发明和服务的能力。这三种技能在生活中的应用完全是智力的体现，但是实际上，在多元智能的情况下，智能被分为八个主要类别：语音智能、逻辑数学智能、空间智能、音乐智能、社交智能、自律和自然观察。

1. 语言智能

这种智能主要是指有效使用口语和写作的能力，即听、说、读、写的能力，这表现为个人能够流畅，有效地使用语言来描述事件，表达思想和与他人交流。

2. 逻辑—数学智能

它涉及算术，定量计算，对这些假设和假设的思考，是一种应用与于复杂数学计算的能力，是一种利用逻辑推理和数学计算以进行思考，有效的计算、提问、排序、度量、辩论和执行数学计算的能力。学习任务的主要类型包括学习数字、计算、总结概念、记忆和使用公式、排序、设计大纲、分析、实验、提问、解决逻辑问题等。

3. 空间智能

空间智能是指准确感知一方和周围所有物体的状态，并以图片的形式表示所感知的图像的能力。主要的学习任务类型包括想象力、定向学习、绘画、联系和方向学习、设计、发现等。

4. 运动智能

具有这种智慧的人善于表达自己的思想和感觉，善于用手做或改变事物，很难长时间坐着，并喜欢用手比划空气，像是与某人交谈时使用手势或其他肢体语言。当他们学习时，他们会反思自己的身体感觉。

5. 音乐智能

聪明的这类人会认识到自己有对旋律、音调、节奏和音调做出反应的能力。

音调和旋律，通过设计、表演和唱歌表达音乐的能力。

6. 人际交往智能

这是指善于理解和与他人互动的能力。例如，学习领导、组织、实践、理解他人的意图、人际沟通、与他人交接、收集效果反馈、操纵、调整、社交聚会等。所有这些因素都能反映出人际交往中的智能。

7. 内省智能

内省智能是指认识自己，建构正确的自我感知能力，善于运用这些知识来规划和指导自己的生活。发挥自己的感觉和动机，进行更深入地思考，掌握正确的知识并采取相应的行动。它包括学习思考、推理、假设分析、设定目标、制定计划、保持安静等。

8. 自然观察智能

它指的是观察自然界中各种物体以及对物体进行分类和分类的能力。观察、分类、欣赏和解释事物。诸如植物学家、生态学家、景观设计师之类。老师的教学应该与生活和对自然的了解紧密相关，例如对动植物等自然环境（如云朵和石头）的理解。具有强大自然智慧的人在狩猎，农业和生物科学领域显示出卓越的能力。发展自己的感觉和动机，深入并保留正确的知识并采取相应的行动在上课期间制造问题情境，并鼓励学生使用头脑和肢体，每天上课时，老师应鼓励学生观察生活和观察自然。

（三）建构主义理论

建构主义又被称为结构主义，是在皮亚杰的认知理论、维果斯基的"最近发展区"理论、杜威的学习理论以及布鲁纳的思想基础上产生的，汇集了各个学者的思想，能够为对外汉语教学提供一定的理论指导。

瑞士的皮亚杰（J.Piaget）是建构主义理论的最早提出者，他认为，"儿童是在与周围环境相互作用的过程中，逐步建构起关于外部世界的认识，从而使自身认知结构得到发展。[1]"就是说儿童对世界的认识并不是仅仅靠他人的传授获得的，而是通过与周围环境不断地相互作用逐步获得的，接触的环境越来越广，逐渐建构起对世界的认识，进而内化为自己的知识，强化自身的认知结构。皮亚杰提出"同化"与"顺应"是儿童与周围环境相互作用的两个过程，"同化"是指现有的认知结构能够接受新的事物，儿童接收外界的信息，将信息整合到自身的认知结构中。而"顺应"是指当儿童已有的认知结构无法接受外界新的事物时，个体的

---

[1] 何克抗. 建构主义——革新传统教学的理论基础 [J]. 电化教育研究，1997（3）：3.

认知结构就会因外界信息的刺激发生变化。儿童对世界的认识就是在"同化"与"顺应"的过程中逐步建构起来的,这就是皮亚杰关于建构主义的观点。

维果斯基的"最近发展区"理论认为最近发展区指的是学生现阶段已经达到的知识水平与更高一级的知识水平具有一定的差距,这个差距就是最近发展区。在教学的过程中,教师可以采用多种不同的、合适的教学方法帮助学生理解知识,使学生达到更高一级的水平,消除两者之间的差距。"最近发展区"理论对建构主义理论中支架式教学模式的形成产生了很大的影响。杜威认为教育要以经验为基础,认为教育是经验的改造和生长,学习者从生活和学习经历中发现问题,促使他们产生新的认知。

建构主义理论认为学生是学习的主体,而教师只起到一个指导的作用,在学生学习的过程中,教师始终扮演一个引导者和辅助者的角色,对学生的学习起一个激励的作用,不断引导学生往正确的方向发展,并及时纠正学生在学习过程中产生的错误,帮助学生建构起知识框架,获取知识。而学生则要积极主动地探索新知识,用发展的眼光看待问题,逐步提高自身的知识水平。建构主义学习理论认为情境、协作、会话和意义建构是学习环境中的四大要素或四大属性。在学习过程中,教师要创设贴近学生生活的情境,学生往往对自己熟悉的事物比较感兴趣,贴近学生生活和学习的情境,可以使学生产生一种熟悉感,进而积极主动地参与到教学活动中。另外,情境还要依据学习任务来设计,使学生积极参与到情境活动中的同时,完成一定的教学任务。协作学习是建构主义理论中一个重要的环节,学生在与他人协作学习的过程中可以完成信息共享,接触到不同的观点,拓宽知识面,并且认识到要从不同的角度观察事物、思考问题。学生学习离不开会话这一环节,可以说会话贯穿于学生学习过程的始终,学生之间互相讨论问题离不开会话,锻炼口语交际能力也离不开会话,由此可知,会话在学生学习过程中是至关重要的。学生获取新的知识后,逐渐将新知识与已有知识整合在一起,形成新的知识体系,完成意义建构。

三、高校英语教学课堂的促学评价

(一)促学评价理论

1. 促学评价理论的起源和发展

促学评价在设计、实施和结果使用时,始终以促进学生学习为首要任务。以促学为中心的特征使其区别于其他以筛选、认证、评教排位等为目标的评价,因而代表了教育评价范式的一种转变。

事实上，这种转变并非始于促学评价概念的提出。其他类似的概念，如形成性评估，作为学习的评估和学习导向型评估也都传递出以学习为中心的理念。

在教育评价领域，测量定级和评价认证的功能长期处于主导地位。直到20世纪六七十年代，研究者们才开始将目光转向促进学习的目的和功能。斯克里文提出"形成性评估"的概念，第一次对形成性评估和终结性评估进行了划分——终结性评估注重对产出结果的评价，而形成性评估更多侧重"得到反馈"和"产出修改"。形成性评估和终结性评估的区别主要在于评价目的而非评价过程。

只有当学生能够使用评价产生的信息来调整学习过程和提高学习成果的质量时，反馈才是有效的。形成性评估和终结性评估的不同不仅体现在评价目标上，更在于前者强调了学生在评价过程中的主体地位。教育的目标应是培养学生的自我调控能力，而为了达到此目的，教师不能简单地将学生作为被评价者来设计教学活动，而必须为学生提供以主体身份参与评价的体验。

2. 促学评价的原则和策略

许多教育评价研究者提出实施促学评价的相关条件、原则以及策略。

奠定了促学评价理论基础的英国评价改革小组归纳了以下10条原则：(1) 促学评价应是有效规划教与学的一部分；(2) 促学评价应聚焦学生怎样学习；(3) 促学评价应被当作课堂实践的核心；(4) 促学评价的规划和实施应被视作教师的核心职业技能之一；(5) 促学评价应提供考虑学生情绪并有建设性的反馈；(6) 促学评价应考虑学生学习动力的重要性；(7) 促学评价应增进学生对学习目标的认同和师生对评价标准的理解；(8) 学生应收到关于怎样进步的建设性指导；(9) 促学评价应发展学生的自我评估、反思和自我调控力；(10) 促学评价应促进和发现所有学生全方面的学习成就。

每条原则之下都有对应的解释。以这些原则为基础，教育评价领域涌现了许多相关理论和实证研究，拓宽了理论研究的边界，也提出了许多具备实操性的评价实践建议。

许多促学评价的策略围绕评价的三个核心要素提出："学习者目前在哪里""学习者要往哪里去"以及"如何进步以达到学习目标"。有学者将课堂评价核心要素（评价目标、评价过程、反馈）和课堂评价主体（教师、同伴学习者自身）两个维度整合起来，提出了在课堂中实施促学评价的五条策略，如表1-3-1所示：

表 1-3-1　课堂促学评价策略框架

	评价目标	评价过程	反馈
教师	说明学习目标，分享成功标准	设计并实践有效的课堂讨论、活动、任务以评价学生目前水平和能力	提供反馈以帮助学生达到学习目标
（学习者）同伴	理解并分享学习目标和成功标准	激发学生在互相学习、同伴评价中发展能力	
（学习者）自身	反思学习目标和成功标准	激发学生成为学习、评价的主体	

　　针对第一条有关学习目标和评价标准的策略，高等教育界近10年来的后续研究进一步证实了培养学生对学习目标和评价标准的理解和认同的重要性。学生需要理解学习目标是什么，并通过充分参与评价活动培养评价和反思等高阶思维能力，同时积极主动地寻求和使用反馈，最终达到学习目标。以学生为中心的理念应体现在评价活动的设计和实施各方面。

　　针对评价设计，研究者们的建议是增加师生合作评价任务，提高任务真实和复杂度。同一课程中的评价活动最好是存在内部的联系性，使得学生在收到上一项评价任务的反馈之后，能有机会根据反馈的建议继续进步。评价活动最好能激发学生对评价三核心要素内省反思的能力。在参与评价活动中培养出的学生评价能力能够被迁移到其他学习任务和以后的工作任务中，为学生带来收获感，促进他们成为自我调控能力更高的终身学习者。

　　在促学评价的实施过程中，学习者的角色发生了根本性转变。让学生摆脱单一的被评价者身份，赋能学生成为同伴学习成果和自己学习成果的评价者，这条策略几乎出现在所有的促学评价理论框架中。

　　关于促学评价的反馈，总体来说，针对学习过程和学生自我调控能力的反馈比只针对某项评价任务和学习成果的反馈有更长远的促学价值。针对反馈内容的对话型交流，帮助学生将获得的反馈迁移到未来学习任务中。

　　除了以上普适性的促学评价原则和策略，有效实施促学评价的另一条重要原则是要注意本地化的实施。在考试导向型文化中，"考试"几乎是"评价"的代名词。在这样的社会文化场景中推行以学生为中心的评价并淡化对评价结果的过度重视需要更多扎根于真实场景中的研究。

（二）促学评价标准的设置

　　首先，口头报告任务需要具体的评价标准，以帮助教师和学生关注从表层内容到深层能力的各项维度。教师不应只是简单地与学生口头交流，最好是以文本形式发放到学生手中以方便查看和使用。为了减轻学生在使用评价标准时的认知压力，还可将评价标准编写成清单，让学生勾选报告者做到的原则并写下例子。此外，即时课堂通讯软件可以让每个学生参与课堂评价，评价标准是什么，是否匿名评价等项目都可由老师自行设置，评价过程更便捷直观。

其次，鼓励评价标准的透明化，不仅会使学生在理解和使用标准的过程中受益，也会帮助教师在审视和表达学习目标、评价维度、层级描述的过程中发展评价知识和元认知能力。评价知识的进步和对评价标准的思考是互相促进的关系。追求评价标准透明化的过程对学生和教师都有发展元认知能力的益处。相关培训可以帮助教师和学生学习用直观具体的语言和例子解释每一维度和每一级水平。

最后，口头报告在大学英语课程体系中被广泛使用，不应采取一刀切的做法设定统一的评价标准，评价标准应该是课程目标的具体化。教师培训应引导教师考虑口头报告的任务目标和整个课程总目标之间的关系。官方文件也可以给教师一定指引。教育部 2018 年公布了《中国英语能力等级量表》（以下简称《量表》），根据《量表》所依据的"基于运用的语言能力框架"，与口语报告这一语言活动直接相关的维度包括语言能力维度下的"口头表达能力"和策略能力维度下的"口头表达策略""语言知识"维度下的"组构知识"和"语用知识"，语用能力维度下的"语用表达能力"也支撑学生完成口头报告。纲领性文件可以帮助教师更好地理解口头报告的任务目标，但教师在具体编写口头任务评价标准时，侧重点应有所聚焦，不应期待学生在一项口头任务中展示和发展所有的能力。

（三）促学评价的评价目标

"学术素养"是近 20 年国际高等教育领域普遍关注的研究议题之一。从狭义角度，学术素养旨在培养学生的写作能力以满足大学课程的要求，关注的重点是学术场景中的学生读写能力。近年来，一些学者指出，不应孤立地从技术角度定义和研究学术素养，而应该从社会文化角度拓展学术素养的内涵。在参与相关的课程任务时，学生们也在形成和协商他们的身份认同，建立和重塑他们与学术共同体中其他人的关系；学生在学习读写中遇到的问题绝不仅限于语言层面。由于进入大学之前的学习和评价经历各不相同，对大学学习的期待和目标也各种各样，学生并不一定认同和理解教师对学术素养的认定和追求在英语为强势语言的全球语境之下，"学术素养"在我国高校的外语教育政策中，一般特指"学术英语素养"。这点与国际化的学术素养教育是一致的：在欧洲的高校中，有八成以上的学术英语课程是必修课；在亚洲的新加坡、中国香港地区、日本、韩国等国（地区）高校，学术英语素养也是大学培养的核心技能之一。

对中国大学生学术英语素养的相关研究显示，发展学生的学术英语素养既是技术和语言教育问题，也要考虑社会文化环境的影响因素。在已有研究中，两名来自中国大陆的中国留学生认为学术英语中的"改写"涉及的主要是重新组织语言的能力，却忽视了改写中涉及的知识重组、综述和建构能力。在新西兰一所大学中，一名中国留学生对自己的日常英语交流能力非常自信，但他没有意识到学术读写能力在大学学习的重要性，片面依赖口头英语交流，导致他的学习效果不佳。英国高校中的中国留学生们汇报，有时候非常不理解教师想让他们的作业写成什么样子，更不理解教师们的反馈：文章应该展示出更强的批判性。

鉴于培养学生学术英语素养的重要性和目前学生学术英语素养普遍不足的情况，开设学术英语课程，使用促学评价摸清学生的目前状况并给予相应的支持就显得尤为重要。教师在大一第一学期给予学生多次反馈能够帮助他们在学术写作中取得快速进步。教师的直观示范（如使用写作范例）和间接支持，如提供形成性反馈）能鼓励学生解读和建构知识。使用评分标准也能帮助学习英文写作的中国大学生更好地自我评价并取得进步。

（四）促学评价的同伴互评

同伴互评指学习主体对同伴的学习成果进行评价的活动，评价对象涉及学习结果的数量、水平、价值、质量、成功与否各方面。同伴互评具有认知和实践双重优点。认知层面，同伴互评能促进学生自我管理，帮助学生理解学习目标和评价标准，提供使用评价标准的机会，有助于将评价能力迁移到自己的学习成果中，进而发展终身学习能力。实践中，同伴互评在不增加教师工作量的前提下增加学生给予和获得反馈的机会。有鉴于其潜在的促学作用，同伴互评在一系列纲领性文件中被大力推荐。我国教育事业"十二五"规划强调：中、高等学校要充分发挥教师、学生在教育质量评估中的重要作用。《大学英语课程教学要求》更是附有同伴互评表格，为教师提供实践参考。

近十年来，我国英语教育界涌现出不少同伴互评的研究，涉及英语写作、英语演讲、英语翻译等领域。

国内外语类期刊中对同伴互评的研究大多聚焦在学生评价的结果上，一部分研究在调查互评效果的同时附带对学生的接纳态度进行问卷或访谈。一些调查结果显示，学生普遍对同伴互评持积极态度。超过80%的学生喜欢同伴互评作文的形式。在翻译课堂互评研究中，大部分学习者认为同伴互评有助于提高自己译文的质量，自己有能力提出有效的反馈。

（五）促学评价的教师反馈

反馈内容方面，学生需要针对任务本身的内容反馈，但同时也需要针对技能、学习过程、自我管理等方面的反馈。后者旨在培养学生可迁移的学习能力，具有"授人以渔"的功效，在大学教育的人才培养中能发挥更为深远的影响。在职前和在职教师培训中，应该增加关于教师反馈素养的内容，让教师们了解反馈内容的不同分类，并勤于反思自己的评价反馈内容，逐渐做到反馈内容中兼顾任务和技能。教师提供反馈时，还应考虑反馈对学生社会情感方面的影响。

反馈提供的时机不仅应在学生完成任务之后，也应在任务开始之前和任务进行中。如果评价的目的只是为了检验学生有没有掌握某项知识，反馈的时机一般是在学生完成任务之后。但如果评价的目的不只是检测和给学生划定等级，还旨在促进学生学习，那么反馈的时间也应该延伸至任务前和任务中，为学生提供必要的指导和过程中的支持。

反馈设计方面，为了更好地发挥促学作用，教师应设计和实施更多的对话型反馈。对话型反馈并不仅意味着在提供反馈时与学生进行对话，而是在反馈活动之前、之中和之后都保持畅通的沟通协商渠道，充分听取学生意见，赋能学生，真正做到以学生为中心。在设计评价活动时，教师可以让学生选择反馈方式、反馈时间、反馈重点等。学生在反馈涉及方面有了话语权之后，认真对待教师反馈。

四、高校英语教学评价的现状问题

（一）评价的政策制度不够完善

目前的高校英语教学评价缺乏不同类型和层次的教学评价衔接制度，这导致高校英语教学评价无法同普通初高中英语教学评价实现顺利衔接。目前的高校英语教学评价缺乏英语教学评价的物质资金保障制度，这导致教学评价工作往往就无法全面展开、无法长期展开、无法深入展开。同时，高校英语教学评价缺乏教学评价结果的解释与申诉制度，这导致高校英语教学评价较少针对评价活动本身进行质量检验或元评价。高校英语教学评价缺乏高校英语教学评价主体的资质制度，这导致有些缺乏英语语言学、教育学、心理学、教育评价学等专业背景知识和实践教学经验的评价人员做出较为片面、主观的评价，部分教学评价人员甚至缺乏职业道德做出伪评价。

（二）评价的价值理念相对滞后

教学评价本质上是一种有价值意义的行为，教学评价的核心价值主要有管理价值和教育价值。目前的高校英语教学评价的"管理价值"色彩较浓，同时英语教学评价的"教育价值"色彩也较浓。侧重"管理价值"的价值理念同西方发达国家突出"教育价值"的理念相比就显得较为滞后。"管理价值"理念导致教学评价主体将教学评价视为管理评价对象的工具和手段，导致教学评价主体往往为了评价而评价，较少思考评价的目的和意义所在。"管理价值"理念注重发挥教学评价的鉴定与选拔功能，"教育价值"理念注重发挥教学评价导向激励功能和诊断改进功能。"管理价值"理念指导下的教学评价往往将教学评价视为奖优惩劣的工具和手段。为此，某些高校在实施英语教学评价过程中就制定了详细的量化评价表，比如在教学工作量方面，年度教学基本工作量为350学时，量化分为60分；年度实际教学课时总数对比350学时每少10学时减1分；年度实际教学课时总数对比350学时每多30课时加1分，最多加10分。这种"管理价值"理念导致下的量化评价未能突出评价对象的主体性，不利于民主平等评价氛围的营造，不利于从根本上提高人的综合素质，实现人的全面发展。

（三）评价的主体较为单一

目前高校英语教学评价的主体主要为教务部门的管理人员和英语任课教师，评价主体较为单一，这种评价主体往往集管理者和评估者于一身，扮演者"运动员"和"裁判员"的双重角色，很难对其自身进行监管，很难及时准确的发现教学质量问题并提出相应整改意见和整改措施。同时高校英语教学评价缺乏学生参与英语教学评价，缺乏用人单位参与高校英语教学评价，高校英语教学评价也缺乏家长参与评价。

（四）评价的方式较为单一

高校英语教学评价采用的主要是总结性评价和量化评价如AB级考试成绩，这种单一的评价方法不能如实的反映评价对象在职场情景中的真实表现。高校英语教学评价缺乏针对教师教学资质和学生学情的诊断性评价，也缺乏见证教师与学生成长过程的形成性评价。

（五）评价的客体范围较为狭窄

高校英语教学评价的客体主要局限于英语语言知识技能考试或比赛成绩的教学效果或学习效果的评价，局限于语音、语法、词汇、句型等具体语言知识教学的评价。高校英语教学评价忽视了听说读写等语言技能教学的评价，和情感态度、教学策略、教学方法、创新意识等非语言知识和技能的评价，同时，高校英语教学评价忽视了个体、用人单位和社会需求的评价和影响教学的各种教学资源的评价。

五、混合式英语教学下形成性评价的运用

（一）混合式教学的概念

计算机信息技术的发展，已经应用到各个领域。传统的教学模式已不能满足老师的教学新要求和学生对知识、能力的需求。混合式教学就是把传统课堂灌输式教学和多种

网络平台与媒介学习结合，在教学过程中，既充分发挥教师的主导优势，又利用新媒介调动学生主动参与自主学习的能动性。将线上线下相结合，在原来教室和课堂教学的基础上，拓宽教学的空间，延展教学的时长。而与单纯网络教学相比，打破了师生之间的壁垒，增进线下师生之间的交流。同时，学生接受来自不同地区、不同高校老师知识和理念的传授，不仅得到了知识的巩固和补充，而且学到了更多学习方法。与传统式教学相比，混合式教学侧重于培养学生的综合素质及创新能力；注重教师与学生之间多元化、多维度的交流与互动，能更好地培养学生之间的团队合作精神、激发主动思考、交流与沟通的能力。对教师而言，混合式教学要求更高的综合专业素养和驾驭课堂的能力，因此，可以激发教师的教育教学创新能力，提升教师热情，有利于学科的发展，最终使得"教"与"学"变得更加自由和灵活，使教师与学生双方受益。

（二）大学英语混合式教学现状

混合式教学作为一种全新的教学方法和理念，目前已经陆续在我国各地高校中有序开展。2018年初，我国首次启动大学英语混合式教学试点改革，由选拔出的精英教师组成的团队任教，在各个院校中开始首次混合式教学试点。此教学团队在网络学习平台上建设大量的教学资源，第一次利用线上和线下结合的方式进行授课。通过两个学期的实验，教师们都充分肯定混合式教学是当下互联网时代

发展的必然趋势。该教学方式的优点众多，如下：

（1）教学资源丰富；

（2）教与学的时间与空间都较为开放，便于学生个性化学习、碎片化学习，不仅有效地提高学生的学习效率，而且让学生在学习的过程中感受到自由，是培养学生自主学习的大好开端；

（3）教师与学生可在网上展开实时讨论，吸引更多的学生参与讨论；

（4）计算机强大的统计功能可让教师更加清楚地掌握每个学生的学习情况。

虽说互联网技术给教学手段带来了全新的机遇，但在享受便利的同时，也需面对全新的问题，主要为以下几方面：

1. 师生对混合式教学理解不够透彻

混合式教学方式从根本上就与传统的教学大不相同，不只是方式发生了改变，更多的是教学观念与教学思路。但有的教师和学生只看到表面的教学方式发生改变，而部分教师只简单地认为混合式教学不过是教学形式上的混合，就是把部分课时从课堂教学转变为网上教学，这些教师在进行授课时会把原有的教学资源原封不动地呈现在网上，并没有对此重新整备教学资源，缺乏整体上的重构；同时教师的思想依然停留在语言训练以及理论知识传授的层面，依然把控课堂的主动权，没有积极引导学生参与课堂，其根本还是属于传统教学。现今，大部分学生都热衷于上网，但通过网络进行学习的思想几乎没有，缺乏教师给予的正确引导与明确的指令，众多学生针对线上教学依旧迷茫。大部分学生依旧习惯传统的教学方式，从没想过与教师进行主动交流，无法感受到语言学习带来的乐趣，仅只把网上的教学资源作为课本的"替代品"。由于网络素养较低，学生也很少通过网络资源解决自己遇到的问题，也不对所获取的信息进行评估，为此，导致众多学生在混合式教学中，增加很多不确定性，学习负担性变大，学习效果还不如传统教学。

2. 过度依赖互联网信息

虽说丰富的互联网信息为教学提供众多的学习资源，使学习体验变得更加多样、有趣。但资源并不是越丰富就越好，如学习资料过量会导致学习负担增大，导致学生的记忆容量超载。学习者在学习的过程中面临巨大的学习资源，会出现众多无法被确定的认知活动，导致注意力始终不集中，很难对一些知识难点进行深刻学习，导致认知负荷超载。虽说网上的学习资源众多，但如果教育工作者不事先评判和加以甄选，对内容是否与学生水平相匹配、数量是否恰当、对资源的组合、排列形式等不进行加工设计，则会增加学生面对资源选择的盲目性。

3. 教学评价体系有待改进

在混合式教学过程中，一小部分的学习过程需学生自己独立在网上完成，如学生脱离教师的控制，需学生有强大的自律、自我约束以及自主学习的能力，这对习惯传统教学方式的学生来说无疑是一项艰难的挑战。如何才能评价学生网上学习的策略、办法、态度以及效果，怎样才能通过评价效果积极修改教学内容，这是目前混合式英语教学面临的巨大挑战。传统的教学评价体系太过单一，滞后性太强。为此，要有一套完整的混合式英语教学评价体系，才能使我国的混合式教学得到更快的发展。

（三）形成性评价的构建

1. 形成性评价概念

形成性评价是对应于传统的最终性评价的新型评价方式。最终性评价就是各学校长期以来采取的最主要的评价方式，以学生的最终学业表现作为评价指标。而形成性评价与之对应，主张在教学过程中进行评价，通过学生在日常学习活动中的实际表现来对其进行评价。在英语教学中，形成性评价则是在日常的英语教学活动中，将学生的课堂表现、日常的英语作业完成情况、非正式的英语日常考核或者英语单元测试结果作为评价的指标，不断增加平常英语学习活动表现所占总评价的比重。这些评价是在整个英语教学过程中累积的，是对整个英语教学和学习活动流程中学生表现的评价。

2. 评价机制构建的基础

混合式教学模式的整体体系需由网络教学平台作为基础，"学习通""职教云""外研在线"等一大批学习平台都有较为丰富的在线开放课程和学习资源，均可作为高校英语混合式教学模式开展的主要平台。此类平台的整个组成结构较为丰富，线上的资源模块也较为实用，如作业、考核等。平台中已有的课堂教学模块也相对较成熟，如提问、讨论等。高校英语作为学生在校期间公共基础必修课之一，也是课时与上课人数较为稳定的课程，在混合式教学模式的应用下为高校英语评价方式打下基础。

在混合式教学模式中，教师需在课前通过学习平台发布课程的学习资料以及课前作业，并引导学生认真阅读资料并完成相应作业。课堂中教师应针对学生所暴露的问题进行正确引导并帮助学生解决问题，并要根据学生的完成效率以及整个课堂的节奏进行轻微调整让课堂教学更具针对性。为使学生的认知得到加强，可找一些具有代表性的知识点让学生自主讨论或进行情景模拟。课后通过课中学习的知识合理安排课后任务，让学生所学知识进一步巩固。

3. 评价机制的构建

综上所述，英语课程的评价方式与混合式教学模式所构建的机制不再按期中与期末的时间节点来分配比例，而是将线上评价与线下评价相结合，更客观、全面、科学地评价学生的学习效果。为最大程度激发学生的学习积极性，英语课程的评价体系由过程性评价（主要集中在线上评价）和终结性评价（主要体现在线下评价）两部分组成。线上学习主要通过线上量化指标来打分，线下学习主要通过线下非量化指标打分。混合式教学模式主要由课前、课中与课后三个过程和最后期末测评综合得出，学生在每个过程中都可获得线上量化指标得分并同时获得教师评测的非量化指标得分。新型评价方式的使用改变传统模式下学生为了最终成绩好坏而进行学习的错误目的，提高学生英语学习动力和学习的主动性，提升学习效果。具体量化指标得分机制如下：

（1）线上量化指标得分

课前打分的评测主要通过观察学生的学习进度以及课前所提的问题制定量化指标、学习进度主要指学生课前通过学习平台开展的学习进度以及学习时长，这是评测学生课前学习的主要依据；与此同时，为防止一些学生为了省事刷课的现象，平台会检测每一个课程停留时间，只有达到平台预设的时间才能使学习进度增长。为防止学生只刷不看的消极现象，平台在课程进行的期间设置课前小问答，教师根据学生的进度以及课前问答的准确度进行评分。课中量化指标主要为出勤状态、课上讨论等。出勤情况则通过学习平台打卡功能实现，主要针对线下学生们的出勤情况进行筛查。学习平台根据学生的出勤状态进行记录并赋予相应的分值。为使学生的出勤率达到100%，此标准占分数较多。课程进行的过程中，课堂问答环节中的每个问题也应占少数分值。英语课堂中学生讨论是必不可少的环节，教师应根据学生的参与指数来赋予分值。而课后的量化指标得分主要通过课后作业完成得分，其中课后总结和课后巩固是最为有效的办法，课后作业不仅使学生牢记课上的内容，还可为下节课做好铺垫，最后期末考核也需在线上进行，它属于线上量化指标得分。

（2）线下非量化指标得分

这一分数主要含两个部分，分别为教师针对课前、课中、课后的量化评价，以及最后的考核。为防止非量化分数的主观性，首先需适当减少非量化指标分数的比例；其次需设定分数的标准，使得评价有据可依。

4. 混合式教学的高校英语评价方式意义

混合式教学的高校英语评价方式的运用让读、写、听不再受限于课堂内进行，学生也可不受地域、时间限制，随时随地地查看自己的学习进度，并根据自己的时间安排进行学习，真正意义上实现随时随地学习。线上量化指标也让学生的竞争意识得到加强、自主学习意识和习惯也逐步加强；此外，线下量化指标也让学习氛围发生正向变化。充实的课前、课中以及课后活动使课堂效率逐步提升，学生的学习积极性也显著提升，这是传统英语教学无法达到的效果。

六、构建以师生为本的多元化高校英语教学评价体系

（一）评价理念人性化

评价理念人性化就是要以师生的情感诉求为本、注重师生的可持续发展与追求进步的过程。这就要求评价者应了解师生的实际情况和具体需求，了解他们的心理活动与情感诉求，给予老师和学生以人文关怀，力争为他们创设一种和谐、轻松、愉快的评价氛围与环境。评价者和评价对象应在平等的基础上展开对话交流，充分发挥双方的主观能动性。在对待评价的结果上，评价者应当用发展的眼光看问题，不能简单地以A、B级考试或期末考试成绩或技能比赛成绩来给学生贴上相应的标签，而是要从他们追求进步的过程来客观、公正的评价他们，只要他们比过去有所进步就是值得肯定的，只有这样的评价才算得上是人性化的评价，只有从评价对象的实际出发，采用人文关怀手段才能促进评价对象英语语言交际能力和职业能力的提高。只有评价者与评价对象的利益捆绑在一起，这样评价双方才会切实的心连心、手拉手地并肩作战。只有了解评价对象历史发展的背景与发展的过程才能了解他们在某一方面的进步，从而为他们的可持续发展创造更好的条件与机会。

（二）评价主体多元化

高校英语教学注重校企合作、产教融合，涉及教师、学生、企业、家长等各方人员的利益。因此，教学评价主体的选择应尽可能代表有关利益各方，尽可能吸收评价利益有关各方人员如教学管理部门、教师、家长、学生、用人单位等参与教学评价，尤其是要吸收教师和学生参与自我评价和相互评价，如此才能调动有关各方的积极性与创造性。

(三)评价方式多元化

高校教学改革后英语教学会越来越讲究工学结合，讲究语言基础知识、语言交际能力和职业技能、职业素养相结合。教学内容的多元化需要教学评价方式的多元化，高校英语教学评价应当根据评价的目的、性质、对象的不同而选择相应的评价方式。高校英语教学评价应当采用诊断性评价、形成性评、总结性评价、质性评价、量化评价、自我评价等多元化的评价方式。

第二章 英语写作教学基础问题

英语写作能力是英语教学中强调的核心技能。近年来大学英语写作受到了越来越多学者和专家们的关注和重视。本章就以英语写作教学的基本问题为出发点，对英语写作教学的基本情况和基本理论以及方法研究进行阐述。

第一节 英语写作教学概述

一、英语写作教学原则

（一）以学生为中心

回顾我国的教育史，我们不难发现中国传统文化和教育中强调"尊师重道""师道尊严"，在整个教学活动之中教师相较于学生来说拥有着较高的地位和主导权，教师就是知识的化身，代表着权威。这些可以在我国的史书和相关典籍中找到相应的记载。即使在这样大的教育环境背景下，传统教育中仍然出现了"以学生为中心"的朴素教育思想。孔子曾提出"因材施教"的教育理念。

顾名思义，"因材施教"就是要根据不同学生的个性、特点来相应的调整教学方法或手段。相较西方而言，中国关于"以学生为中心"的系统研究，起步较晚。初期研究的重心放在了中小学基础教育中，高等学校的研究则比中小学稍晚一些。随着教育进一步改革和发展，我国的专家学者们开始就"以学生为中心"的相关教学模式、教育管理展开深入研究。2012年的在华东师大以及2019年常州召开的学术研讨会中学者们都就"以学生为中心"这个中心主题进行了深入的探究与交流。

关于"以学生为中心"的概念和内涵的研究。在较长一段时间内，我国教育奉行传统的"三中心"，赵炬明教授针对传统教育中的"三中心"归纳提出了出"新三中心"。作者赞成赵炬明教授的观点，认为"以学生为中心"就是指以学生的发展、学习和学习效果为中心，"新三中心"三者之间也有一定的逻辑关系，学生的学习是基础，学习效果是学习的必然结果，学生的发展以前两者为基础。"以学生为中心"不仅仅是一种教育教学理念，也是学校教育教学管理的一种模式，更是教师在开展教学活动时要遵循的根本准则。"以学生为中心"要求我们做到以下三点：第一，关注学生学习；学习是促进学生发展的重要手段。在教育活动当中我们应该多关注学生学习的需求，改变以往注重教师"教授"的惯性使然，更多的关注学生的"学习"。我们应当认识到学生的"学习所得"并不简单等同于教师所教授的内容，它是在学生已有经验和知识存储的基础上对外部信息的接收、理解、转化构建。所以，我们要改变以往过分强调学生学习效果的本末倒置的做法，关注学习过程和学习状态，熟悉掌握符合学生学习认知发展规律，知道学生的学习需求，激发起学生的学习兴趣。第二，关心学生学习效果。我们除了关注学生的学习需求，学习过程之外还应该关心学生的学习效果，学习效果的优劣一定程度上反映了教学质量的优劣。第三，关注学生发展。学生的发展是多方面的，不单单是知识的掌握，还有情感意志和能力方面的发展。教育的最终落脚点是"人"，学生的发展要符合社会发展对其的要求，所以不单单将学生看作学习个体，而是要将其看作一个具有社会属性的"人"，促进学生自由全面的发展。也就是说我们尊重学生在课堂教学过程中的自主性和能动性的发挥，但并不意味着学生可以主导课堂"为所欲为"。

（二）综合性教学原则

在英语写作教学中，教师应综合应用读与写、听与说等多项技能，究其原因在于读与写、听与说等各项技能可谓互相促进、相辅相成。只有综合运用读与写、听与说等多项技能才能让写作课变得生动而鲜活。在实际写作教学中，英语教师应将读与写、听与说密切联系在一起，给予学生多样化的能力训练，从而全面促进学生各项技能的提高和发展。

（三）重视评估原则

教师在英语写作教学中要注重遵循评估原则。学生的习作肯定会存在这样那样的问题，教师只有进行认真的评阅，才能使学生及时得到反馈信息以进一步修改习作，不断提高自己的写作能力。

二、英语写作教学目标

2014年3月底，教育部高等学校大学外语教学指导委员会在武汉召开了"2015年高等学校大学英语教学改革与发展学术研讨会"，就新的大学英语教学指南征求意见，重点是对三个级别教学要求的语言单项技能描述进行了修订。2015年定稿的《新版大学英语教学指南》中将大学英语写作教学目标改称为"基础目标""提高目标"和"发展目标"，具体描述如下。

（一）基础目标

（1）能用英语描述个人经历、观感、情感和发生的事件等；

（2）能写常见的应用文；

（3）能就一般性话题或提纲以短文的形式展开简短的议论，解释、说明等；

（4）语言结构基本完整，中心思想明确，用词较为恰当，语意连贯；

（5）能运用基本的写作技巧。

（二）提高目标

（1）能用英语就一般性的主题表达个人观点；

（2）能撰写所学专业论文的英文摘要或英语小论文；

（3）能描述各种图表；

（4）能用英语对未来所从事工作或岗位职能、业务、产品等进行简要的书面介绍；

（5）语言表达内容完整，观点明确，条理清楚，语句通顺；

（6）能较好地运用常用的书面表达与交流技巧。

（三）发展目标

（1）能以书面形式比较自如地表达个人的观点；

（2）能就广泛的社会、文化主题写出有一定思想深度的说明文和议论文；

（3）能就专业话题撰写简短报告或论文，思想表达清楚，内容丰富，文章结构清晰，逻辑性较强；

（4）能对从不同来源获得的信息进行归纳，写出大纲，总结或摘要，并重现其中的论述和理由；

（5）能以适当的格式和问题撰写商务信函，简讯，备忘录等。

（6）能恰当地运用写作技巧。

三、国内外英语教学研究

（一）国外研究现状

1. 英语写作教学法研究

国外相关研究成果主要包括结果教学法、过程教学法、体裁教学法和过程—体裁教学法几种。

（1）结果教学法

结果教学法（the product approach）又被称为传统写作教学法，中世纪的拉丁语教学是该方法的重要起源，但该方法于19世纪才被应用于写作教学中，所以结果教学法真正被提出是在19世纪。有学者认为，结果写作教学法为教师提供一种文本模式去模仿，从而完成写作教学，其强调对语言结构的理解。结果教学法的教学内容侧重于英语语法知识和写作技巧，涉及记叙文和说明文等传统文体。该教学方法的理论依据是行为主义，以行为主义的观点来看，教学过程是学生对教师提供的"刺激"做出"反应"的过程。在实施该方法的过程中，教师只注意学生的一稿，学生单纯依靠老师的批阅，师生和生生之间缺乏沟通。长此以往，学生写作能力的培养容易被忽视，教师只是机械地训练了学生正确使用英语语法规则，而阻碍了学生创新思维的发展。

（2）过程教学法

过程教学法（the process approach）最早被提出是在我国二十世纪七十年代，相对于成果教学法而言，它可以称之为现代写作教学法。它主要是针对结果教学法不足而产生的以交际理论为理论基础的写作教学方法。有学者提出，教师应该在写作课中侧重写作表达和创造。写作课堂教学中，教师只重视学生作品的最终结果，对写作过程不闻不问，这样的教学方式对学生而言是没有价值的。美国的华莱士道格拉斯最早提出了这种教学法，他曾将过程教学法定义为：写作是一个过程，写作教学应该致力于传授构成写作过程的一步步的操作方法。过程教学法更倾向关注学生在写作过程的心得体会，在此过程中，学生的个人情感知觉都发挥了作用，通过其他人的反馈与帮助，学生打开自己的思维，逐渐提高了自己的写作能力。

（3）体裁教学法

相对于上面提到的教学法，体裁教学法（genre-based teaching approach）的概念提出较晚，它是随着日益完善的体裁理论而出现的一种新的教学法，人们将其称为"建立在体裁基础上的教学方法"。体裁教学法包括三个学派，即ESP（English for Specific Purpose）、EAP（English for Academic Purpose）和澳大利亚学派。体裁教学法将写作融入实际环境中，写作是在特定环境中，为实现特定交际目的而进行的活动，写出的文章是人们这个活动所需要工具。总的来说，该教学法的核心思想是"交际"，教师将语篇图式结构作为教学核心内容，引导学生了解体裁语篇特定的交际目的，同时掌握这些语篇的结构特点，最终使学生可以独立地理解和创作出特定体裁的文章。它可以引导学生认识到写作是一种有规律的活动，缓解学生对于写作的畏难情绪，这是该方法的一个优点。但在有限的课堂时间里，教师不能教授学生他们未来可能遇到的所有体裁，这也是体裁教学法的一个缺点。

（4）过程体裁教学法

为了综合多种写作教学方法的优点，有学者在2000年提出了一种新的写作教学方法：过程体裁教学法（the Process-genre Approach）。顾名思义，该写作教学法侧重两点，即写作过程和体裁。该方法与体裁教学法观点一致，都认为写作是一种交际活动，写作和社会环境因写作而产生联系，写作是为了实现特定社会环境中的特定交际目的。除此之外，过程体裁教学法还重视学生写作的过程，在学生写作的每一个环节中都渗透交际的意识，强调了写作在特定社会语境中的作用和意义。

2. 英语写作教学评价方法研究

一直以来，对"反馈促学"问题的研究如火如荼，成就了批改反馈在二语写作领域的一席之地。从评价的实施主体来看，国外相关研究主要关注教师评价、自我评价、同伴互评、在线评价系统，这与国内关注的重点几乎一致。在传统写作教学评价方法中，教师批改一直占据主要地位。有专家认为，教师批改可提高学生写作语言表达的准确性。教师反馈的有效性要高于同伴反馈，且优于其他的反馈方式。一些专家认为，自我评价可以促进学生自信心的养成，同时，学生能够意识到自己的学习目标，监控自己的学习过程，不断改进自己的学习策略。有人使用不同的评价方法来批改学生的作文，最终，有32%的研究对象表示自己倾向同伴互评，认为这种评价方法对自己的写作成绩和读者意识都具有积极影响。针对同伴互评，有人认为这是自主学习与合作学习两种理念的结合，在为学习者提供合适的教学条件后，同伴反馈的有效性将得以发挥。同伴互评可以通过推动写作者与读者之间的互动方式来进一步地促进他们之间的交流，加深了学生对于主题的认识和理解，使得学生周围的学习气氛更为浓厚。

随着研究者的不断探索与实践，写作评价方法也在不断创新，后过程写作评价产生。它提倡写作是一种社会交往，关注文章是否达到预期目的或读者满意，克服了大规模的标准化考试只专注于分数的弊端。同时，有学者提出了 DA 写作教学。相关教授做了一些研究，主张评价不应该让学生与学生相互比较，而应该自我比较。总之，首先，后过程写作评价强调评价建立在一定的社会文化背景之中，评价的重点是否达到了写作目的和读者需要；其次，后过程写作评价强调合作与交流，所以评价应该采用多种评价相结合的方式；最后，后过程写作评价强调教学与评价相统一，克服了许多评价方法的不足。

（二）国内研究现状

1. 英语写作教学法研究

一些学者致力于将外国的相关研究成果引入国内，包括结果教学法、过程教学法和体裁教学法等，还有一些学者探索适合本国学生学习特点的写作教学方法。

一些学者将国外写作教学法运用于我国英语写作课堂。在我国的英语写作教学课堂中，大多数老师使用的就是结果教学法。结果教学法对我国英语写作教学的发展有重大贡献，但是随着相关领域理论的逐渐完善和发展，人们逐渐认识到了结果教学法的局限性，并将关注点转移到了 20 世纪末兴起的另一种写作教学方法——过程教学法。60 年代以来，受语言学、心理学和社会语言学的发展的影响，结构主义教学法和生成语言教学法等方法依次出现。这些方法直接影响了人们对结果教学法和过程教学法的看法。80 年代初期，人们对这两种写作教学的争论也达到了高潮。之后的很长一段时间内，学者们对过程教学法的应用进行了深入研究。20 世纪 80 年代，以体裁理论为基础的一种新生的教学研究方法——体裁教学法问世，之后一些学者将体裁教学法引入到了中国。体裁教学法目前仍处于探索阶段，有学者针对北美和澳洲等地区对体裁教学法的实施进行了论述，主要分为其理论基础，优缺点以及应对措施三大方面。同时，相关专家对国外学者的研究进行了深入的剖析，在广泛搜集资料基础上，并结合自己以往的教学经验，将体裁教学法的过程概括为范文分析、模仿写作/集体仿写、独立写作和编辑修订等四个阶段。有专家积极将过程写作教学法运用到自己的写作教学实践中，并在实践中逐渐完善该方法。

20 世纪 90 年代之后，对英语写作教学法进行的研究日益增多，众多学者在结合我国教学实际情况的基础上，提出了许多英语写作教学方法。其中最具有代表性和影响力的就是王初明教授提出的"写长法"。针对我国英语学习学投入英语时间和学习效果不成正比的实际情况，王初明教授等人以写为突破口进行了写作教学改革尝试。"写长法"适合水平各异的外语学习者的原因之一为其根据学习者自身的实际外语水平来确定写作的数量和内容。历经5年多的教育试验，"写长法"在实践中不断得到改进和完善，形成了一套比较完整的教学理念。试验结果表明，历经"写长"训练，学生的外语学习信心明显增强，写作能力显著提高。还有一些学者提出了"范文写作法"。教师提供的英文范文不仅在字词、章节、上下文逻辑中揭示了英语写作的原则和方法，更在字里行间中向学生展示了英语国家的生活习俗、风土人情，这种文化差异火花的碰撞，有助于培养中国学生对文化差异的感知力，在此基础上，学生对于英语写作中选词等方面的写作技巧得到大大提升。之后有学者结合英语写作现状和本人教学经验，提出了"英语写作诊断式教学法"。天津外国语学院英语写作课程组在长时间的探究后，提出了名为"三三教学法"的教学方法。该方法的观点为，学习者写作能力的提高既取决于教师对英语写作课程的热爱程度，也受学生个人渴望提高自己写作能力的程度的影响。

2. 英语写作教学评价方法研究

写作测试作为一种主观的测试，一直面临着诸多问题。与国外有关二语写作评价的研究相比，我国二语写作评价研究较少，发展较为缓慢，尤其是对二语写作评价对象及方法的研究相对薄弱。然而，近些年趋于改善。

研究者对二语写作评价的研究开始拓展到各个维度。第一，写作评价的信效度方面。研究者多强调英语写作评价时保持信效度一致性的重要性。第二，写作评价的评分者效应方面。探讨教师评价、同伴评价和自我评价对学生写作能力的影响。研究发现自我评价组和同伴评价组的学生写作成绩高于教师评价组。2011年6月，句酷批改网平台产生，相继被各大高校应用。第三，写作评价的评分标准和方法方面。有专家建议使用分项评分标准，因材施教。英语写作档案袋实施中的DA具有SA不可替代的优势。

有效的评价可以很好地促进教学，国内学者针对评价方法做了大量的研究，相关研究结果有助于写作教学顺利进行。从评价的实施主体来看，主要有教师评价、自我评价、同伴互评、在线评价系统几种评价形式。

教师评价包括书面和口头评价两种形式，是最传统的评价方式。专家对八个实施教师书面评价的实证研究的研究结果展开了分析，以讨论教师书面评阅对学生写作能力的影响。自我评价即学生对自己学习成果的评价，这种评价方法有利于学生进行独立思考，但由于学生学习水平有限，在没有教师合适的指导的情况下，学生往往很难进行有意义的自我评价。同伴互评是指班级同学对其他学生的学习成果或学习过程进行的评价。同伴评估可以作为教师评估的一种补充，增加生生之间的互动、帮助和反馈，提升学生的主体意识、思辨能力以及合作学习能力。有学者在实验中对不同评价方法的有效性进行了对比分析，分析结果表明，同伴互评有助于学生运用写作策略，同时他们建议教师在写作课堂上引入同伴互评。近年来，基于计算机技术的自动评价系统的功能越来越完善，因其具有反馈及时、评价内容全面等优势，越来越受到人们的关注，如句酷批改网和iWrite。以句酷批改网为代表的自动评价系统已逐渐在各高校英语写作教学中得到推广与应用。一位学者在自己的写作课堂中使用线上互动平台——教室沙龙（Classroom Salon）来进行写作评价工作，她充分肯定了教室沙龙的对于发挥同伴互评作用的意义。有学者指出，不能通过学生在一次写作中的表现就确定学生的写作能力，学生在写作过程中表现出的社会交际能力也应该作为重要参考依据。

综上所述，英语写作评价越来越受到广大教育工作者的重视，在对写作进行评价的过程中要充分考虑各种影响因素，合理、正确地运用各种评价方法，以此来保证评估的有效性，发挥评价促进教学的功能。

四、英语写作教学课程设置的考虑因素

（一）国家战略的需要

2018年9月17日教育部召开加强高校公共外语教学改革工作会议，提出公共外语应纳入国家战略，公共外语的培养对象为专业+外语的"国际化复合型人才"。随着中国从本土型国家转变为国际型国家，以及国家综合实力的提高和国际地位的提升，中国政府愈发重视在国际社会上的话语权，英语是目前的世界通用语，英语能力成为检测国家外语能力的一项核心指标。在网络交际发达的当今世界，写作交流比口语交流更为重要。写作涉及面更广，影响力更大，说服力更强，学术论文发表和交流、写博客、发帖子、社交媒体上的转载和转发，多样的写作方式都可以帮助中国获得国际话语权。然而，这样的英语文章一定是框架合理、语言地道、言之有物、言之有理、言之有力的文章，而不是模板式的英语作文。因此，培养学生写出这样的文章是公共英语写作课的目标。

与此同时，为专业服务也是国家对公共英语的期待。英语学界中，就本科公共英语课与学生专业的关系这一问题，出现了通用英语和专用英语之争。现在许多"211"高校趋向在研究生阶段开设"学术英语写作"课程。那么本科阶段的"公共英语写作"课程也应该考虑这一趋势，在本科阶段把学生的专业知识融入英语写作中，把读者定位为非专业人士，写一写专业性的科普类说明文和议论文。这

样，本科阶段的"公共英语写作"课程不仅是一门独立的课程，也是一门承接性课程，能为非英语专业学生的研究生写作和职场英语写作打下基础。

（二）社会发展的需要

2015年联合国教科文组织发布了《反思教育：向"全球共同利益"的理念转变》，强调要培养大学生的信息素养、批判性思辨能力和科学素养。写作是一门训练综合能力的课程，写课程的设计要包含多种能力和素质的培养。写作课程可以在构思阶段培养学生对信息的搜集、整理、评价和组织能力，在创作过程中培养学生对信息的再加工和逻辑论证能力，在修改过程中培养学生与同伴和教师的沟通交流能力，以及熟练使用网络提供的写作评改工具的能力，此外，还可以培养学生关注整个写作过程中跨文化交流的能力。因此，英文写作课不仅是语言能力的培养，也是综合素质的训练营。

21世纪已经是大数据的时代，互联网、智能手机、App应用、云技术的出现，使数据的处理突破数量、时间、空间的限制，大量准确的数据可轻松快速被获取。大数据时代对公共英语写作在8个方面产生的影响和改变，其中包括：教学资源、写作目的、写作资源和组织、写作辅助工具、写作评估手段和反馈、写作结果处理、写作能力内涵和评估及写作教学与社会直接对接。写作课程的外在形式和内在核心都在发生巨大的变化，而"公共英语写作"课程的改革要紧跟并利用这些变化，让学生的英语写作水平产生质的飞跃和可持续性的发展。现在的MOOC、翻转课堂和因2020年疫情而在全国范围内实施的在线生态教学都有力地证明着大数据时代的影响力，"公共英语写作"课程改革要回应大数据时代的变化和需求。

（三）学生的需要

学生是教学活动的主体之一，其认知水平和心理需求在课程设计中不可忽视。而公共英语课时有限，全国高校的公共英语平均学分为8—10分，平均课时160个左右。研究生公共英语写作课开设周期为一个学期，每周3个课时（2小时），总课时为48课时左右。虽然高校实施公共英语分层教学，但同一层次中的学生英语水平差异并不小，而体现综合能力素质的写作水平差异会更加明显，这一点在学生人数较多的综合性大学尤为突出。在如此有限的时间内，在学生英语写作水平参差不齐的情况下，如何设计写作课程和选择课程内容显得非常关键。课程知识框架和体系需要帮助学生在一个学期里构建写作框架，掌握核心要素并运用语言策略，而且要实战操练，这就要求课程内容重点要放在最能够帮助学生把握写作关键并有效提高写作水平的要素上。同时，课程要关注学生对英文写作的正面体验，消除一直以来非英语专业学生对英语写作的惧怕和畏难心理。因此，实用性和易操作性是英语写作课程设计的着眼点。

国内外研究发现，元认知知识是影响二语写作的重要因素。与语言能力相比，元认知因素对二语写作的影响更重要。有学者发现，二语写作水平高的写作者在元认知知识和策略上都优于水平低的写作者。因此，元认知因素在"公共英语写作"课程设计中应得到充分体现。元认知分为元认知知识和元认知体验两个层面，前者包含个人知识、任务知识和策略知识。个人知识是写作者对自身的认识，比如写作能力、写作动机和写作中存在的问题；任务知识是写作者对教师布置的写作任务的理解，包含写作任务的内容要求、语言要求和评分标准等；策略知识指学生在完成写作任务中采用的各种策略，包括写前构思、写中组织、对写作任务的理解检验、对作业的修改及写后评价等。元认知体验分为正面和负面体验。

第二节　英语写作教学的基本理论

一、合作学习理论

（一）合作学习的来源

合作学习，19世纪早期出现在美国，美国的一些学者开始实验研究合作学习，目前，这种教学方式已经推向世界，在我国仍然处于渐进阶段。我国《国务院关于基础教育改革与发展的决定》中专门提到合作学习，新课程标准也特别强调：教学要重视培养学生的合作能力以及全面发展的能力。那么，什么是"合作学习"呢？由于研究者的角度与身份不同，所以对合作学习的理解也不同。主要从以下几种观点走进合作学习。

有专家认为，合作学习就是一种以小团体为主开展的高效的课堂教学方式，老师根据学生的能力下发不同的材料并要求学生在规定的时间内完成，最后通过多元评价来确定学生是否可以获得认可和奖励，而不同的方式对学生的学业成绩具有十分不同的影响。

有一些专家认为合作学习必须具备五大要素，分别是小组依赖、面对面交流、个人责任、社会交往、自我评价。合作学习要求小组内部人员相互紧密联系，而且每个人将自己的利益与小组整体的利益结合起来，为了实现共同的目标而努力。在他们的研究中，合作学习就是一种目的使学生达到最好学习效果的学习方式。

（二）合作学习的基本要素

现在的英语语法教学，合作学习以多种方式和策略展开，合作学习中有5个要素是不可缺少的。这五个要素是：

积极互赖。这一要素要求小组成员意识到他们不是一个人在学习，而是整个小组相互依赖、共同进步。不积极的成员会影响整个小组的学习效果。

面对面的促进性相互作用。合作学习为学生进行面对面交流提供了有利的条件，小组内成员相互监督、相互进步。

个人责任。这一要素要求学生明白自己的任务在小组中起着重要的作用，专注完成自己的任务，避免出现不劳而获或个人决定整个小组的情况。

社交技能。要求教师在教学中对学生进行社会交往技能的基本训练以及激发学生们应用这些社交技能的动机，从而培养他们高效的合作能力。

小组自评。这就要求小组在规定的时间有规划地进行评价，检测组内成员的学习情况以便及时调整学习方法与学习步骤，提高合作的效度。

合作学习理论强调，合作学习既是以小组为单位展开的学习方式，又是以教师和学生互动合作、实现共同目标的教学活动。合作的最终目的是为了实现特有的目标。

二、语篇衔接理论

（一）语篇衔接理论的概念界定

1. 语篇

《牛津高阶英汉双解词典》对语篇的解释是"为了传达意义而在演讲和写作中使用的语言，体现出文本的不同部分是如何连接的[①]"。韩礼德（Michael Alexander Kirkwood Halliday）指出语篇是"任何长度的、语义完整的口语或书面语的段落，它是语义单位，可以由一个句子或多个句子组成，同时是围绕衔接关系而构建的具有语境意义的连续体"[②]。也就是说，完整的语篇可以表现出句子之

---

① Hornby A. 牛津高阶英汉双解词典[M]. 北京：商务印书馆，2014.
② Halliday M A K, Hasan R.Cohesion in English[M].London：Longman，1976.

间的衔接与连贯的关系。

2. 衔接

衔接指"黏合、结合、凝聚性,是语篇的有形网络,体现在语篇的表层结构[①]"。除此之外,衔接是一组存在于语言中并使语篇组合成一个整体的关键,是说话者或作者可支配的潜势,即"语篇中的一个成分与另一个成分之间存在语义关系,后一个成分的解释对于前一个成分的理解有重要作用"[②]。而这种关系除了反映出语篇微观组织结构的指称、替代、省略和连接等,还反映了语篇宏观结构的及物性结构、主位结构和信息结构等。

(二)语篇衔接理论在英语写作教学的应用

语篇衔接理论集中应用于大学和高中的英语写作教学中。以"衔接"和"英语写作"为检索词,发现应用于大学和高中写作教学的论文共有316篇,其中核心期刊论文47篇,博硕士论文269篇。语篇衔接理论应用在初中写作教学的研究共有7篇,其中核心期刊论文0篇,博硕士论文7篇。将语篇衔接理论应用到英语写作教学的具体研究情况如下:

在大学的写作教学中,研究者主要关注于学生作文中衔接机制使用的调查,针对其中问题提出教学建议。相对来说,实验研究数量较少。例如,蒋丽平等人[③]基于韩礼德提出的衔接机制,对大学生英语作文进行横向上和纵向上的对比分析,研究学生作文中存在的衔接问题,如"学生作文中常以第一人称叙事和评判事物,某些情况下会使得文章失去客观性"。就此,他们认为要改变这样的问题需要"通过精读课程大量积累和内化,并加以练习"。此外,黄剑[④]对学生和教师在大学英语写作学习和教学现状进行研究,发现学生对语篇衔接手段的使用与教师的教学直接相关,教师对语篇衔接手段的讲解和使用不足是导致学生使用不足的主要原因,如教师如果在语篇分析中注重对指称和省略的教授,学生就会较多地使用指称和省略,他建议教师应当"改变传统写作教学中注重教授学生遣词造句,要关注学生语篇的逻辑性和连贯性"。商艳芝[⑤]指出学生写作时语篇衔接方

---

① 黄国文.语篇分析概要(Vol.1)[M].长沙:湖南教育出版社,1988.
② Halliday M A K,Hasan R.Cohesion in English[M].London:Longman,1976.
③ 蒋丽平,杨彩云.衔接理论与大学英语写作教学的改进[J].河北师范大学学报(教育科学版),2008(11):132-137.
④ 黄剑.语篇衔接在大学英语写作教学中的应用现状调查与研究[J].江西师范大学学报(哲学社会科学版),2016,49(05):135-139.
⑤ 商艳芝.从语篇衔接入手培养学生的英语书面表达能力[J].教学与管理,2015(27):87-90.

面的问题突出，表现在照应错误、不会使用替代和省略、连接成分使用不当、用词和造句上缺乏变化以及出现搭配错误。她提出"在阅读教学时要加强学生篇章结构分析能力的培养，提高语篇衔接意识，并通过句子层面上的练习提高衔接能力"。在高中的写作教学中，实验研究数量较多，研究者关注的是文章表层的衔接机制。张晓玉[1]和赵元霞[2]对高中的两个班级进行实验研究，对实验班采用结合语篇衔接机制的教学，实验后测表明实验班作文的衔接水平明显高于控制班，学生的语篇衔接意识也明显提高。刘吉[3]调查并分析高中英语写作教学的现状，发现教师忽视学生作文的篇章结构教学和学生缺乏语篇知识，于是他将衔接理论应用于实际教学中，对两个班级进行实验研究，结果表明"衔接手段的训练对于提高学生的衔接意识有明显作用，实验班学生进步较大，高水平和低水平的学生均倾向于使用指称、连接、词汇衔接，替代和省略使用较少"。相对于大学和高中课堂，语篇衔接理论应用于初中英语写作教学的研究数量非常少，研究主要关注学生作文中的表层衔接机制，如指称、照应、替代、连接和词汇衔接，忽视语篇内的语义相关性。例如，曲璐[4]对初三两个班级的学生进行实验教学，对实验班采用语篇衔接理论进行教学，研究学生作文中指称、连接和词汇衔接的变化，实验结果表明两个班级的写作成绩有显著差异，喜欢英语写作的学生人数大幅增加，说明该理论运用于初中英语写作教学切实可行。黄金竹[5]用相同的方法进行研究，证明该理论下指导的写作教学有助于提高学生的写作成绩、改善写作的焦虑感和增进写作信心。蔡玺伍[6]经过实验研究证明基于韩礼德的衔接理论进行写作教学，能够提高学生的写作信心，作文中的衔接机制，如照应、词汇衔接的使用数量得到提高，写作成绩也有明显进步。

三、主述位理论

（一）主位—述位

根据系统功能语言学理论，从语言交际的角度出发，一个句子可以划分为主

---

[1] 张晓玉. 基于语篇衔接与连贯理论的教学模式在高中英语写作教学中的应用研究 [D]. 河南大学，2018.
[2] 赵元霞. 语篇衔接机制在高中英语写作中的应用 [D]. 西北师范大学，2018.
[3] 刘吉. 语篇衔接理论在高中英语写作教学中的应用研究 [D]. 四川师范大学，2019.
[4] 曲璐. 衔接理论在初中英语写作教学中的应用 [D]. 渤海大学，2014.
[5] 黄金竹. 基于衔接理论的初中英语写作教学的实验研究 [D]. 广州大学，2017.
[6] 蔡玺伍. 衔接手段在初中英语写作教学中的应用研究 [D]. 渤海大学，2018.

位和述位两部分，主述位结构即指一个句子由主位部分和述位部分组成。这种划分一定程度上和语法中主语和谓语的划分重合。主位部分是句子的起点，交代信息的来源，明确对讲话人而言已知的信息，述位部分是对主位的推展，传递的是新信息，也是听话人不了解的未知信息，说明主述位结构和语篇信息分布有着自然的紧密联系。

然而语篇的连贯性特征决定了信息不是孤立的存在，而是动态的发展过程，这也使主述与述位的划分并非绝对。在句与句的连接和延续中往往会出现"述位主位化"，即述位在随后的话语中被选择为主位的情况。这种语篇内主位与述位相互转化，信息不断更新变化的过程称为主位推进，因而语篇各部分之间才能衔接，构成一个整体。

（二）主位的划分

主位为单项主位、复项主位和句项主位，单项主位没有内部结构，复项主位可细分为三类：语篇主位、人际主位和话题主位。句项主位是指从句或是动词性非谓语形式的短语出现在句首的形式。

单项主位只包含一个结构成分，如名词、代词、形容词词组或是介词短语。例如"青年人是未来世界的希望"中"青年人"即是单项主位。复项主位中的话题主位又叫作经验主位，是句中及物性系统的参与者，语篇主位用于语篇句与句之间的衔接，人际主位则表示讲话者的态度。

例如：

Furthermore, all nations included, none of us can immune impacts of climate change.

这句话中 Furthermore 为语篇主位，就是人际主位，none of us 即是主题主位也是句子主语，其余部分为述语。句项主位中的从句包括单一从句以及复合从句，即并列、从属关系的小句。

除此之外，主位类型还分为标记主位与无标记主位。当句子主语和主位不重合时，称为标记主位；当句子主语和主位重合时，叫作无标记主位。

（三）主述位理论在英语写作教学的应用

针对句式单一和简单化问题，主述位理论能够有效地处理。在英语写作教学过程中，教师能够借助标记主位达到句式的多元化目的，恰当标记主位能够让篇幅更具充实和魅力。

所以，教师在英语写作教学中要格外注重学生对不同主位结构进行应用的指导，协助学生解决在英语写作中普遍遇到的问题，诸如句式混乱和单一等。

第三节　英语写作教学的方法研究

一、过程写作法的研究

（一）过程写作法的界定

20世纪70年代初期，美国教育部对各州基础教育的发展做了一份调查，结果显示只有不到三分之一的学生写作水平能够达标，并且合格的比例还将持续下降。面对这种局面，教育主管部门开始担心写作能力对于升学和工作的影响，呼吁教师重视和提升写作能力。华莱士·道格拉斯（Wallace Douglas）教授以建构主义为理论基础提出过程写作法，他认为写作是一个群体间进行信息传递和交流的社会交际过程。写作教学应该重点探讨的是写作的创作过程而不是具体的语用功能。写作的本质不仅仅是对某些语法项目的理解、对修辞模式的模仿以及对写作内容的阐述，更在于培养学生的思维能力和自我表达能力。认为写作是具有创造意义的行为，是作者心理认知和语言交际的互动过程，并不是独立的行为。

（二）过程写作法的特点

过程写作法的典型特征就是关注学生写作实践的每一个阶段，教师帮助学生认识到写作创作是一个过程，创作出初稿之后还要引导学生反复修改完善，特别强调在写作过程中积极地启发学生自己去发现问题、通过小组交流和师生交流去分析问题，最后能够运用自己的语言能力和语用知识去解决问题。注重学生写作思维的训练和学生反复修改文稿的过程，引导学生去发现和寻找他们自己的创作灵感。在这个过程中教师提供给学生相应的反馈意见，学生也能自由地表达自己的观点，写作的全程都伴随着师生之间的交流和生生之间的互动，其符合语言教学的发展规律，主要体现出以下几个特点：

1. 注重英语写作的具体过程

关注写作实践全过程的过程写作法，一般要经历四个阶段。（1）写前准备阶段（Prewriting），此阶段学生的主要任务是确定写作的话题、收集信息、列提纲。（2）初稿阶段（Writing），这是学生将写作思路转换成文字的阶段，这一阶段的关注点应放在思路的清晰和行文的流畅上，不要太过关注语言的准确，这只是最初的草稿阶段，文章还需要进一步的修改。（3）修改阶段（Revising），从话题、内容、文体的角度进行修改，重视文章的细节部分，如段落、句型、词语。（4）编辑阶段（Editing）是文稿的整理和润色阶段，学生需要经过多次的检查、反复地修正后，最终定稿的过程。对于写作过程的具体描述，不同的学者都给出不同的意见，但在实际教学中大家都认可这四个阶段不是垂直并列的关系，而是在整个写作过程中可以互相影响、相互渗透的。

2. 体现学生的主体地位

写作是描述并记录作者的人生经历和情感体验的一种方式，任何文本的创作都是作者思考的痕迹，通过笔端把自己的思想用书面语言的形式与他人交流。过程写作法始终以学生为中心，鼓励学生创造思维和包容学生个性化的写作风格。在过程写作法的实施中，学生通过小组合作和师生评价活动实现自我价值。教师在写作教学中时刻关注学生的发展和进步，在每一个环节都立足于满足学生内部需要的过程，这种教学方式为学生营造出社会交际的情境，实现学生自我表达和自主创作并在写作中体现出个体差异。对于刚接触英语写作的学生而言，正规的指导和有效的训练，对掌握英语写作技能和提升写作水平都有重要意义。

3. 写作中的互动交流

过程写作法所涉及的修改环节中，教师适当的引导、激励和反馈都可以促进学生的写作，有助于写作能力较低、缺乏写作兴趣的学生积极参与到写作活动中。写作训练中可以创建写作小组，通过小组成员间的合作交流让其体会到用语言文字与人交流思想和观点的魅力。分组时应注意学生小组中的成员配置，尽量把语言学习能力的优、中、差等生达到均衡，才能使优等生对学生间的带动作用发挥得更好。小组成员在进行探究性任务设计时，要充分遵守合作性原则，关注到成员之间自身的优势，扬长避短，让合作学习能够充分发挥每个学生的作用，不同成员之间的学习力、学习效果不同，要做到互相尊重，活动的设计要体现出多角度多维度去激发学生的思维方式。对于写作活动而言，认识到第一稿只是这个写作过程的开始，写作时要大胆尝试，学生本人、同伴、教师都要参与到写作修改活动中，合作评估自己的努力和进步，通过开展小组内同学之间对习作的评价与讨论活动，有利于小组成员在写作交流中借鉴他人的优点同时改正同类的错误从而提高写作能力。有效地沟通和交流有助于大家顺利完成文稿的创作和修改，更能让原创者体会到作者与读者之间思维碰撞的乐趣。

4. 师生合作的修改与编辑

文稿的修改是逐渐完善语篇内容并且丰富词语表达的环节。学生在创作时可能没有做好充分的准备，头脑意识中没有想到如何表达句型和词汇，边想边创作的写作，会导致文章结构出现问题或语句出现错误。教师要求学生先进行自我修改，以提升语言的准确性和文章的合理性；再通过小组内相互修改文稿，这个过程能够有效地提高学生的表达能力和辨别错误的能力，同时小组内的成员都可以避免同样的错误再次发生，这对于每一个学生都是自我提高的过程。在这过程中教师要指导学生把有问题的地方标记出来，包括语篇要点、语言表达、文章结构等，通过学生自评和学生互评后，教师再对学生的作文进行补充和订正。让学生意识到对文章进行最后的整理、润色才能定稿，编辑文稿也是过程写作法中最为重要的环节。学生对文稿的反复修改过程有助于深入掌握文体结构的能力，提升写作语言的准确性，能够开阔写作思维，真正达到提高写作能力的目的。

（三）过程写作方法的国内外研究

1. 国外研究

二十世纪六十年代，在诸多学习理论的影响之下，教育家和学者们都开始关注学生的写作过程，意识到写作其实不只是一种结果，认识到写作是一个复杂的过程。而在二十世纪七十年代，美国的西北大学的瓦雷斯教授（Wires）第一次提出了"过程写作法"，这是以当时盛行的交际理论为基础的，将写作的过程看作是一个复杂的心理认知过程，同时写作过程也是语言交往的过程，瓦雷斯教授的过程教学法提倡体验写作的过程再来学习写作[①]。这一写作方法的提出在接下来的十年间引起了巨大变革，二十世纪八十年代到九十年代期间，美国的众多学者都对过程写作法的现实意义展开探讨与证明。有不少学者从理论研究的角度来阐释过程写作这一方法的，也有不少学者从实践的角度去验证该方法的有效性，对写作课堂是否真的有促进作用，探寻该写作教学法的真实教学效果与所带来的影响。其中有些学者也提出了不少的写作模型，其中有建立在行为主义心理学上的阶段写作过程模型，该模型的代表人物是罗曼（Roman），他将这个过程分为三个阶段，即前写作、写作阶段、重写阶段。该模型将写作认为一个线性的过程，具有进步性但也具有局限性。还有一种认知写作过程模型，该模型是由弗劳尔（Flower）和海耶斯（Hayes）提出的，是建立在认知心理学基础之上的，因此包括长时记忆、写作环境和写作过程三个联系的部分。后来，他们又对这个模型进行了完善，因

---

① 赵琳. 过程写作教学法在初中作文教学中的应用研究 [D]. 上海师范大学，2014.

此该模型沿用至今,依然具有重要影响①。综合各种模型,其实大致都可以包括写作前、写作阶段、修改阶段三个阶段。现如今,西方写作教学已经广泛应用该教学法,至今俨然成了中流砥柱。

在众多西方学者的研究中,许多人对过程写作法有自己的理解,其中有的学者认为该方法只是提供一个可以挖掘题材、修改的行动,而不是一种思考方法。其实该方法主要运用在了英语写作的教学中,众多学者认为是在英语写作教学中有优势的,但该法也有一定的问题,因此有待进一步的发现问题加强改善。潘妮(Penny Ur)在《语言教学教程:实践与理论》(《A Course in Language Teaching: Practice and Theory》)中表示:在英语写作的过程中,教师应该注重写作过程,学生应自由表达,而写什么至关重要,这是一个创造性的过程。评价可以采取同桌互评,这样的评价方式能够节约时间,又能发挥学生的主动性,并且可能培养团队意识,增强学生之间的友谊。在这之后,教师还需要对写作的成果批改,最后,根据需要对不同评价意见进行审阅、接纳、反思。有的可以在修改后进行重新写作,可见评价十分重要②。

2. 国内研究

早在民国初期,胡适、夏丏尊、梁启超等人就学习了西方的一些文体修辞知识,并且初步制定了国文学科课程纲要,该课程纲要的主要目的在于整体训练表达,而中华人民共和国成立以后,国内学者纷纷学习苏联优秀教学经验,追求科学序列化的教学,写作教学的训练方式也发生了变化,改革开放以后,国内的一些语文教育研究者认识到以文体为训练方式的局限性,发觉了我国写作过程的一些问题所在,因此将注重文体的训练转为注重过程的写作指导,写文章也是个过程,需要在过程中寻找规律,然后结合不同的文体的写作特点,针对各个学段的问题,精选范围,设计一个比较精确的写作流程。还有一些一线语文教师从实践中总结经验,如张坚固老师,提出了下水作文教学方法。指出教师要重视写作过程中对学生的指导,自己不要只会讲不会写,教师要下水写作,自己去参与过程中,在过程中体会写文章的困难以及怎么样解决这些困难的,这些可以与同学分享,注重言传身教,而不是只说不做,隔靴搔痒。另外,有的学者认为作文的评价流于形式,于是在教学时采用了互相评价、自主修改这样的方法,并且制定了详细的准则,引导学生之间相互交流修改,交流汇报。从这些一线教师的实践中

---

① 陈硕. 基于写作过程指导的初中语文写作教学策略研究[D]. 华中师范大学,2018.
② Penny Ur.A Course in Language Teaching Practice and Theory[M].Language Teaching and ResearchPress.2000.

可以发现写作的教学方法逐渐偏向重视写作过程的指导，且取得了较好的效果，但是并没有得到推广。

二十一世纪以来，由于过程写作法产生了良好的效果，得到了越来越多人的共识，相关研究者如黄厚江、董宿菲等学者都发表了自己的见解。如董菩菲在《美国过程写作法——旨在管理写作行为的作文教学法》中介绍了过程写作法的阶段、理论基础、过程写作法的案例及过程写作法的评价，认为该方法是一种教学预设，是一种持续的教学资源，提供了一些为研究过程写作法的宝贵经验[①]。马正平提出应遵循写作思维进行的顺序按照过程进行展开教学，他通过总结前人的研究，有了一些新的发现[②]。而最近一些年，有许多教师遵循写作过程化指导的思路，开展了一系列的实践活动，如黄厚江，通过他的课堂，可以看出写作是一个多元互动的过程，他所倡导的写作方式是多向共生的。有学者提出了"再生作文"这一设想，再生作文就是让学生不是一次性作文，而是反复的去写一道作文题，反复地写一个观点，反复的修改推敲。在观看黄老师的精彩课例之后，发现他在修改环节格外重视，在完成初稿后，他让学生相互传递观看，组织批阅、互相修改评价，多种方式修改评价后，最后学生能完成一篇立意鲜明、表述精确的作文。还有郑桂华老师，她将学生作文的训练重难点分条列举出来，然后对每一个训练点进行相应的设计，形成具有可操作化与过程化的教学方案，最后教学实践中都取得了良好的教学效果。这两位教师对师生之间的交流互动十分重视，因为只有在这种多向沟通的环境中，才能了解学生的真实写作困难。

二、交互式白板教学法的研究

（一）交互式白板概念

交互式白板（Interactive whiteboard），全称交互式电子白板，英文简称常用IWB。交互式白板由电子感应白板和白板操作系统两个部分集合而成。它的构成部分主要包括了电子感应白板、感应笔、计算机和投影仪组。交互式白板与电脑相连后，可以进行信息通讯，利用投影机可以将计算机上呈现的内容投影到电子白板屏幕上，利用相应的应用程序，能构造出一个大屏幕、交互式的教学环境。

---

① 董蓓菲. 美国过程写作法——旨在管理写作行为的作文教学法 [J]. 语文建设，2010（3）：71-74.
② 马正平. "语文核心素养"内涵与体系：我的非主流探索路径 [J. 新作文（中学作文教学研究），2017（09）：4-10.

电子感应白板具有正常黑板尺寸，其作用相当于将电脑屏幕放大并代替传统的黑板，结合了黑板书写和电脑屏幕显示两个功能。而电子感应笔则结合了电子白板书写笔和计算机鼠标的功能。交互式白板的操作系统基于计算机中的软件平台，它除了支撑操作者与白板、计算机、投影仪、其他移动设备之间的多方交互，也包含了学科素材库和资源制作工具库，在多种环境下能够提供多样化功能，并且兼容操作各种智能操作平台。教师可以在白板上应用教学软件教学、无论在离线还是联网状态下都可以对相关教学资源进行调用，配合科目进行教学设计。会议者可以调用应用软件进行项目策划和分析。近年来，随着远程教育的发展，利用交互式白板进行远程办公、教学等操作也逐步成为交互式白板的代表性功能之一。

交互式白板国外率先由加拿大 SMART 公司研发，SMART 执行董事长兼联合创始人 David Martin 提出了 SMART Board 交互式白板的概念，而国内则是 2001 年由深圳巨龙科教公司率先对交互式白板软硬件进行研发。依据调研公司 Decision Tree Consulting（DTC）的数据显示，市面上由采用红外感应技术和电磁感应技术的电子白板占主导，其次是压感和超声波传感技术的白板。国内市场在 2004 年左右时市面上的白板品牌主要是 SMART 和巨龙科教。随着投影机市场超短焦、短焦投影机的大规模出现，解决了交互式电子白板在使用中投影光线遮挡的问题，因此全球范围内的电子白板需求迅猛扩张、应用迅速成熟。交互式白板集传统的黑板、计算机、投影仪等多种功能于一身，优化了教学方式，丰富了教学多样性。在教学环境中，利用定位笔，教师可以在白板上书写、注释以及保存。交互式白板教学代替了传统具有粉尘危害的黑板教学，代替粉笔，不仅保护教师和学生健康，也节省学校教育经费开支，同时可以随时保存修改的板书、提纲等教学内容，需要的时候及时回顾，提高教学效率。而与计算机相连的白板，在没有连入互联网情况下，就可以展示教师备课设计好的课件、音视频、动画或是游戏，提升学生学习兴趣，优化教学设计，实现师生、设备三者间的交互。而在连入互联网的前提下，远程教育，网络资源等等则更是为教学开了一扇面向世界的大窗口，最大限度丰富教学资源储备。然而交互式白板也存在一定隐患，如教师自身的信息素养不够，未能合理实现白板功能；设备维护不当，使用年限较短；交互式白板与课程教学资源整合度不高等等。英国基尔大学的教授认为教师使用交互式白板分为三个阶段：第一阶段是作为辅助教学的工具。比如只使用交互式白板作为课件呈现的教师，这样的阶段教师只是将白板作为工具，而学生同样只是将白板作为呈现内容更为丰富的"加强版黑板"，课堂中，教师仍然是教学中心，交互式白板对课堂的贡献非常小，更别谈交互性的体现。第二是交互阶段，教师将白板整合到学习当中，作为课程的整合元素，通过结合刺激学生感官的软件、音视频等等，让白板成为学生注意的焦点。比如通过仿真实验、不同学科教学软件、互联网上搜索的音视频予以播放的教师。这些教师开始尝试发挥交互式白板的交互功能，给学生提供挑战，让白板上整合的内容成为教学核心。第三阶段是增强交互阶段，这个阶段寻求开发白板的交互式功能来整合概念和认知的发展。这个阶段就是对交互性的强化，遗憾的是，就调研结果而言，当地学校教师们基本处于第一和第二阶段之间。

相关学者提出从接受态度上教师对于交互式白板的态度应当分为三类，第一类是热衷者，这一类对交互式白板的积极性高，对白板的各项功能充满好奇心和积极性。第二类是试探者，保持该心态的教师对于白板的使用频率不高，他们可以接受白板在课堂中偶尔出现，他们认为白板是拓展常态教学的一种工具，并希望在特殊课堂下特殊使用。第三类是抵制者，这一类的教师担心白板的使用干扰他们原有的教学计划，并且认为自身教学经验足够将教学工作合理进行。因此并不希望使用交互式白板进行教学。

（二）交互式白板教学法的功能

1. 文字和图形的编辑功能

交互式白板具有文本编辑功能，可以在课堂上输入文字并对文字大小、字体、颜色进行编辑，同时可以任意的移动、旋转。它还自带图形绘制和编辑功能，教师和学生可以根据课堂上的实际需要绘制出几何图形，对图形任意缩放、移动和旋转并对图形的边框颜色、粗细和填充色等属性进行设置。

2. 插入各种多媒体信息的功能

交互式白板具有插入图片功能，可以把矢量图片和位图图片插入到课件当中，在课堂上教师可以进行讲解、注释，并对图片任意缩放、移动和旋转。它可以连接声音文件和动画文件，并对声音和动画进行播放控制。交互电子白板中还有很多的智能工具，如我们数学课常用的圆规、画角、画圆等工具一应俱全，教师不需要借助其他教具，只要在白板上一拖一放，就能把这些图形展现在学生的面前。

3. 完整存储和智能回放

交互式白板能完整存储教师和学生在白板上的一笔一画，还能将片段回放或者整个过程回放，这样可以学生进一步明确教学内容和教学的重难点，更好地理解所学的知识。而这些存储的资源也方便教师课后观看，进行总结反思，进一步提高自身使用电子白板的效率。

三、写长法的应用研究

（一）写长法的定义

写长法在国内是由王初明提出的，是在尝试改革传统的外语写作课，发掘"写"促进外语学习的潜力，探讨以写促学的学习模式时，由此产生了外语"写长法"。它是一种教和学外语的方法，它有以下五个特征：

（1）通过写长作文来促进外语学习，其理论基础是二语习得，而非写作技能理论。

（2）加速语言知识的内化和习得，促进语言知识转化为语言的应用能力，从而促进其他三项语言技能。

（3）教师的任务重点是精心设计写作任务。

（4）写作任务重视学生的情感需求。

（5）为学生提供个性化的输出机会，充分发挥外语学习的潜力。

（二）写长法的关键环节

在具体实施中，"写长法"包括以下几个关键环节：

（1）精心设计能够激发写作冲动的作文任务。这是"写长法"最关键的一步。写长法中的好任务应该具备两个基本特征。其一，能够唤起表达思想的欲望，使学生有内容可写，写得长，由此带动外语知识的运用。其二，能够有效拓展学生的语言能力，如增加词汇量，学会新句型。在设计写作任务时，需要充分考虑学生具备的背景知识，他们感兴趣的话题，当前关心的热点，正在学习的精读课内容，目前的英语表达能力等因素。

（2）要求学生在课外每周写一篇有一定长度的作文，根据学生的外语能力变化，不断调整对作文长度的要求。词数只设下限，不设上限，越长越好。

（3）教师要活跃课堂气氛，多鼓励，树榜样，让学生有追赶的目标；同时也要使学生看到自己在进步，产生成就感，乐意坚持写下去。

四、任务型教学法的研究

（一）任务型教学法起源及定义

作为"任务型教学法"的演变基础，交际法（task-based approach）强调教学过程的交际化。自 20 世纪 80 年代，任务型教学法在交际法的理论基础上进一步发展演变而来。Prabhu 于 1983 年正式地提出了一个任务型的语言教学法（task-based language teaching，TBLT）。任务型教学法主要是通过引导学生自己去完成任务的方式进行教学，该理论认为：掌握语言是在活动中使用语言产生的结果，而不单纯是语言知识学习和技能训练的结果，强调"以学习者为中心""用中学"。教师在课堂教学活动中，应该紧紧地围绕特定的互动交际性的语言活动项目，设计一些具体、可操作性较强的教学任务，使得学生能够通过一系列的互动，即表达、沟通、询问、解释等语言活动的形式去完成教学任务，达到对语言进行准确掌握的目标。

（二）任务型教学法的理论基础

一般认为任务型的教学法是对交际法的一种延伸和发展，任务型教学法的理论基础来自于认知心理学、二语语习得、社会语言学、建构主义理论等多个领域，本文从交际法，建构主义理论、输入假说、互动假说几个维度探讨任务型教学法在实践中产生的理论基础，加深对任务型教学法的理解，为任务型教学法在实际教学中应用提供坚实的基础和理论指导。

1. 建构主义

建构主义的主要代表性人物之一是皮亚杰，认知心理学被认为是任务型教学法的心理学依据。该理论指出：认知活动就是个人在其已有的知识与经验基础之上，主动地进行认知图式建构的活动。在这个过程中，人们根据已有的知识，在理解新知识的基础上，把新知识纳入自己的认知结构，就是"同化"，在这个过程中，主体还要根据外部事物的特征，不断调整自己的认知结构，从而接纳新信息，就是"顺应"。

建构主义教育学习观一直强调"学习是主体主动建构的过程"。传统对外汉语听力教学课堂上"听录音—对答案"单一老套的教学模式，相比之下，任务型听力教学法重点提出了倡导学生小组之间合作互动，共同学习，不仅包括了教学中师生之间的师生互动，同样也包括了学生即生生之间的交流互动，在我国对外汉语听力课堂上共同讨论以及小组互动合作共同学习等多种学习方式当中，取得了良好的教学效果，互动有利于学生主动接受新信息，提高了学生语言表达能力和跨文化交际的能力水平。精讲多练是对外汉语的教学原则，建构主义很好地顺应了这一教学原则，强调学生认知结构的主动构建，学生在完成任务的过程中，通过不断地操练来提高自己在真实语境中运用汉语的能力。在对外汉语课堂上讨论，小组合作学习等方式都有利于学生主动接受新信息，提高语言能力和交际水平。

2. 输入假说

克拉申的输入假说认为语言的习得建立在可理解性输入的基础上，这种输入是有意义的、可理解的，要确保足够的输入量。i 代表学习者目前的学习水平，i+1 则是略高于学习者的水平的语言输入，即目的语语料的输入。

输入是语言学习的前提和基础，尤为关键。而以任务为中心内容的活动，不管是预设性地提前准备好的教学设计、课文内容，还是非预设性的课堂话语或是学生在日常生活中听到的话语，看到的文字、都是输入的内容。因此教师在进行任务设计时语料难度要略高于学生现有水平，也就是 i+1 原则，以此来提高学生语言输出时表达的准确度、流利度和复杂度。输入的语言材料应具有真实性和实用性，尤其作者的教学对象有零基础的学生，在日常生活中面临解决生存需求的问题，任务设计时情景对话显得很有必要。输入内容关注学习者的日常生活，真实化、情景化，才能让学生在学到新语言知识的同时又解决了实际生活中的问题，大大提升了课堂的教学效果。确保输入材料的趣味性，大量机械的反复输入会让学生产生厌倦，输入材料通过多种途径、方式，通过多媒体直观展示学习材料，可以从视、听多方位刺激学生感官，加深学生对学生材料的理解。因此在展现语言结构的同时，任务内容上要尽量增强其知识性、实用性，语言上尽量生动幽默，必要时也可以在教学材料中增加一些戏剧性和具有想象力的元素，以培养学生的自主性和学习兴趣，形成活跃良好的课堂气氛。

3. 交际法的发展

学界一般认为任务型教学法是交际法教学模式的其中之一，都是属于功能型教学法流派。两者都是重点培养学生的语言交际能力，都是主张教学活动中通过交际活动（任务）来贯穿学习者学习语言的始终。其中布鲁胡 Prabhu（1987）提出"交际性教学"，指出脱离真实的交际目的是无意义的，认为交际活动的设计要符合实际生活有意义的任务。而隆 Long（1983）则更加强调互动性的重要。

除了上述交际法以外，任务型教学法的理论基础更多的是来自第二语言习得研究成果。它在任务型教学法的发展过程中起到了至关重要的作用，也极大程度上推动了任务型教学法的发展。

4. 中介语理论

美国语言学家塞林克（Selinker）提出中介语假说概念，中介语最显著的特点是动态性，意味着中介语并不是一成不变的，而是能够通过大量的交际活动来使其向目的语靠拢。任务型教学法先驱布鲁胡（Prabhu）主张教师在课堂中设计比较符合实际的又能有教学效果的交际任务，即在做中学。通过不断地输出达到验证假设的地步，从而纠正中介语系统中的偏误之处。

5. 互动理论

在语言交际活动中，参与者相互交流信息和情感，彼此产生影响共同构建意义的过程中，互动的形式可以是书面的，也可以是口头的，这是广义上的互动。从狭义上来说，互动是指意义的协商，即双方在语言交际中为确保准确理解而做出的重复、解释、澄清、核实等尝试及语言表达方式上的调整。互动假说认为人际交往中的互动，并非单向的输入或输出，它给学习者提供了语言学习的机会，进而促进了学习者语言能力的发展。在对外汉语课堂上互动能提升学习者的语言意识，促使其选择性注意，因此互动可以促进行学生对课堂内容的理解，从而有助于新语言知识的摄入。在任务的执行过程中，互动方式可以采用多种手段，比如在任务实施过程中教师的指导和监控方式，可以通过多种肢体语言来保证任务不中断，也可以通过富有竞争性的小组活动、小游戏等形式进行，以此来营造一种轻松愉快的课堂氛围，更有利于广大学生形成积极的学习态度。

（三）任务型教学法写作的案例呈现

为了更好地展现写作课堂设计，这里专门设计了一节示范课。

（1）写作任务：

张老师收到了小明的来信，他在信中向张老师求助，认为自己在交际过程中遇到了困难。请帮助张老师写封回信。

（2）写作题材：书信（建议信）

（3）课本中给出的语言材料和框架如下（表2-3-1）：

表2-3-1　语言材料和框架

Ideas	Why
1.What do you like？ And what do you dislike？	1.to know about others and help you to select your friends.
2.Why not join in activities and other clubs to find friends who have the same interest？	2.to make a good impression on others and let them know your advantages.

续表

> Dear Xiao Ming,
> After knowing your problem, I feel sorry about it.Here I have some suggestions for you to help you make friends.If you take my advice, you will find it easy to communicate with others.Here are some tips for you.
> Firstly, you should...?
> Secondly, you had better...
> Thirdly, if...it would be a good idea to make friends.
> I hope you will find these ideas useful.
> Yours,
> Mr.Zhang

（4）教学步骤：

第一步：任务的呈现

教师通过多媒体向学生展示教学任务。将小明写给张老师的求助信展现给学生，并告知学生此次写作的任务是给小明写一封回信，并且在如何交友方面给小明提出建议。然后，要求学生阅读课本所列出的重点单词、短语以及句型框架，使学生明确写作目标和内容。

第二步：任务前的准备

①仔细阅读题目要求

让学生写下自己所能想到的关于这个主题的所有单词和短语。

让学生写下自己的观点，例如段落的主要意思或者写出每段的主题句。

②头脑风暴

让学生以六人一个小组充分讨论此次写作的主题，利用头脑风暴法获取跟主题相关的所有信息。结合自身经历发表自己的想法，激活学生原有的知识链接。

③充分讨论老师所给出的写作模板和语言材料。

第三步：任务的执行

④通过对小组成员之间的观点进行梳理总结，列出本次写作的提纲。

⑤让各个小组之间派出代表展示自己所在小组的主要观点。老师对每个小组的提纲做出指导和评价。

⑥写出初稿。经过自己的构思，在原有框架的基础之上，选择合适的单词、句型，完成各个段落的扩展，独立完成草稿的撰写。

第四步：任务后的总结

⑦自我修改。要求每个学生根据高考评分细则来检查并修改自己的作文。

⑧学生互评。

要求十个小组两两交换分享自己的作文。

要求每个小组六名成员共同批改以提高批改的准确性，修改草稿中的每个段落和每个句子。

让学生尽可能干净和准确的写出自己的终稿。

⑨分享和展示。抽取五个小组，让五个小组各派一个代表通过多媒体电脑向全班同学展示自己的写作成果。

第五步：语言聚焦

⑩反馈。

教师对于本次写作中的重点单词和表达的使用情况进行评价。

对于学生使用中所出现的错误做出重点讲解。

向学生展示范文。

⑪练习。教师通过PPT的形式设计一些重点词语的练习，巩固所学知识。

⑫作业。教师要求学生在课下要多总结和积累与交友有关的词汇和表达，练习如何给别人提建议信。

第三章 应用语言学在高校英语写作教学中的应用

以应用语言学为基础的高校英语写作教学要求教师着眼于时代发展的趋势，了解学科教学改革的相关要求，通过对写作基础的研究来调整学科教学的思路，确保对症下药。本章先对应用语言学进行了介绍，又分别阐述了认知语言学和语料库工具在高校英语写作教学的应用。

第一节 应用语言学概述

一、应用语言学理论概述

语言伴随着人类的产生和发展而产生发展，人类应用语言来进行交际，研究语言应用问题的就是应用语言学。1870年，波兰语言学家博杜恩·德·库尔特内提出要区分纯粹语言学和应用语言学，并首次提出了"应用语言学"这个术语。而这门学科正式形成的标志是1964年召开的第一届国际应用语言学大会以及国际应用语言学协会的成立。具体到我国而言，我国最早在先秦时期就开始研究语言应用问题了，在漫长的历史发展过程中，历朝历代的研究者已经对语言教学理论和实践等理论有了一定的研究，但中国的应用语言学正式形成的标志是1984年成立的语言文字应用研究所。

应用语言学有以下四大特点，第一，相对独立性。应用语言学是一门相对独立的学科，它自身有专门的研究任务、研究对象、研究人才、专业和课程。第二，实用性。应用语言学的研究目的就是社会生活中语言应用的实际问题。第三，实验性。应用语言学的研究方法离不开调查和实验。第四，综合性。应用语言学不是完全独立的一门学科，在研究过程中也会根据具体情况同其他学科相结合。

二、应用语言学与语言教学

应用语言学和语言教学有着非常紧密的关系，因为应用语言学分为广义和狭义两种，广义的应用语言学研究的是与语言相关的其他领域，而狭义的应用语言学则专指语言教学，如英国学者科德的《应用语言学导论》就是专门介绍语言教学的。

语言教学是指一种有目的、有计划、有特定方法的教学活动，语言教学的总目标是培养和提高受教育者的听、说、读、写等语言能力。包括两种类型：第一，有的语言教学是培养和提高受教育者运用本民族语言进行语言交际的能力，即第一语言教学或者母语教学。第二，有的语言教学是培养和提高受教育者运用第二语言的能力，即第二语言教学。

三、巴赫曼的语言能力理论

巴赫曼的交际语言能力共包括知识结构、基础语言能力、策略能力和语言使用环境四个要素，其中的基础语言能力和策略能力又有详细的分类及模式，以下作简要阐释。

（一）基础语言能力

巴赫曼认为基础语言能力包括两部分：组织能力和语用能力，而两种能力又可细分为更小的范畴（图3-1-1）。

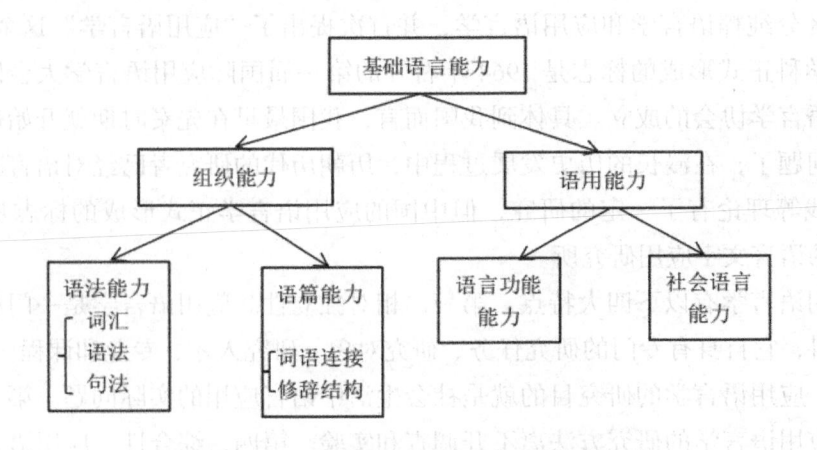

图3-1-1 交际语言能力模型中语言能力组成

(二)策略能力

巴赫曼把组成交际语言能力的另一部分称为策略能力。他认为语言的使用是一个动态的过程，涉及对一定语境中相关信息判断、取舍和语言使用者对语义的协商等。下图为语言使用过程中运用策略能力的模型（图3-1-2）。

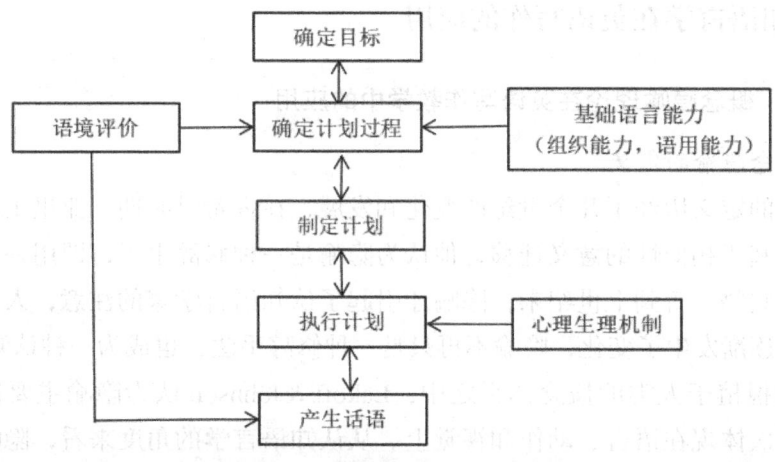

图 3-1-2 巴赫曼的语言使用模型

巴赫曼的语言能力模型是前两种语言能力模型的修正和发展，是语言交际能力概念发展和继承过程中最为完整、也最具有解释力的模型，得到了应用语言学界的广泛认同，理当成为本研究的重要理论基础。

第二节 认知语言学在英语写作中的应用

一、认知语言学概述

认知语言学有狭义和广义之分，在英语中分别用 Cognitive Linguistics 和 cognitive linguistics 表示。认知语言学坚持体验哲学观，以身体经验和认知为出发点，以概念结构和意义研究为中心，着力寻求语言事实背后的认知方式，通过认知方式和知识结构等对语言做出统一解释，是一门新兴的、跨领域的学科。作为语言研究新视野和新学科的认知语言学体现了人类认识世界和认识自身的最新发展趋势，具有自己的哲学基础，在学科性质、研究对象、研究方法等方面有着自己的特色。

认知语言学的主要研究内容包括自然语言范畴化的结构特点，如词汇的原型，语言组织的功能原则、句法和语义之间的关系与概念分界等。认知语言学的具体分支包括认知音位学、认知词汇学、认知语法、认知词典学、认知语义学、认知语用学、认知语篇等分支性研究学科等。

二、认知语言学在英语写作的应用

（一）概念隐喻理论在英语写作教学中的应用

1. 概念隐喻的定义

隐喻的定义历经了几个世纪的变化和发展，在古希腊时期，亚里士多德将隐喻定义为基于相似性的意义迁移，他认为隐喻是一种修辞手段，即用一个事物的名称指代它物。直到上世纪末，隐喻才引起了认知语言学家的注意，人们对隐喻的理解也逐渐发生了变化，隐喻不再只是一种修辞手法，也成为一种认知工具。

隐喻根植于人类的概念体系之中，Lakoff &Johnson 认为隐喻主要体现在概念上，其次体现在语言、动作和视觉上。从认知语言学的角度来看，隐喻是影响人类思想和行为的一种基本认知方式。概念隐喻的本质是用一个领域内的经验来理解和构建另一领域内的不同经验，是用来感知、理解世界周围事物的工具[1]。Lakoff 在《女人、火和危险的事情》一书中也指出，人们日常交流中近 70% 的表达都是隐喻性的[2]。束定芳把隐喻定义为一种认知活动，在这一活动中，人们使用在某一特定领域内的经验来描述和理解另一领域内的经验[3]。

概念隐喻是一种隐喻的概念，概念隐喻本身不是语言的直接表达，但它却限制了语言表达的规则。Ungerer & Schmidt 称修辞是概念隐喻的一种形式，概念隐喻是人们描述、理解和探索新事物的重要工具[4]。隐喻对人类认识世界有着潜移默化地影响，并且在概念结构中扮演着举足轻重的角色。隐喻刺激人类想象力的发展，它帮助人们理解未知的事物，并提供一个新视角来理解日常生活中的不同经验，在某种程度上，隐喻丰富了人类的语言表达。总之，概念隐喻是一种概念系

---

[1] Lakoff, G.&M, Johnson.Metaphors We Live By[M].Chicago：University of Chicago Press, 1980.

[2] Lakoff, G.Women, Fire, and Dangerous Things[M].Chicago：University of Chicago Press, 1987.

[3] 束定芳. 论现代隐喻学的研究目标、方法和任务 [J]. 外国语，1996，（2）.

[4] Ungerer, F.&H, Schmid.An Introduction to Cognitive Linguistics[M].Beijing：Foreign Language Teaching and Research Press, 2001.

统，它基于人们日常生活的体验，存在于人类的心智之中，有助于构建人类的思想和行为，是自发的、无意识的认知过程。

2.概念隐喻的分类

概念隐喻在促进人们对抽象概念的理解方面有很大作用。由于始源域的多样性，Lakoff&Johnson 把概念隐喻分为三大类：结构隐喻、方位隐喻和本体隐喻。

（1）结构隐喻

Lakoff&Johnson 认为结构隐喻是指一个概念被另一个概念隐喻化的情况[1]，也就是说，用一个概念构建另一个概念。始源概念与目的概念的结构相似，因此人们可以借助始源概念理解目的概念。始源概念又名始源域，更加为人们所熟悉、更加具体；目的概念又名目标域，更加陌生和抽象。Lakoff&Johnson 总结了一些结构隐喻的典型代表，例如"生意是战争""生命是旅行""时间是金钱"。在这些结构隐喻中，"生意""生命"和"时间"分别被"战争""旅行"和"金钱"所概念化。

以"生命是旅行"（LIFE IS A JOURNEY）为例。生命（LIFE）由出生、死亡和生活中的困难等组成；而旅行（JOURNEY）由起点、终点和路途上的阻碍等组成。二者有相似的概念结构，因此可以用更加具体的、直观的始源域"旅行"去理解较为抽象的目标域"生命"。例如，"His career is at a standstill"意为"他的事业停滞不前"，而句中的"standstill"本应该指旅行中的停顿。

（2）方位隐喻

Lakoff&Johnson 把方位隐喻定义为：基于一个概念系统去构建另外一个完整的概念系统，这与人类的身体经验和行为方式有关。方位隐喻也可以被理解为空间隐喻，因为这种隐喻与空间方位密切相关。在日常生活中，有无数的方位概念，如内外、上下、前后、远近、中心—边缘等。人类与外部世界不断接触互动，最先获得的就是方位或空间概念，这为方位隐喻奠定了坚实的基础。方位隐喻不是任意的，而是基于物质世界。例如，"HAPPY IS UP"（高兴是上）"SAD IS DOWN"（伤心是下），"I feel down"（我很伤心），它的物质基础是：下垂的姿势一般伴随着伤心和绝望，如"垂头丧气"；直立的姿势代表一种积极的心理状态，如"昂首挺胸"。再如，"MORE IS UP"（多是上），"LESS IS DOWN"（少是下），"Turn the heat up, if you feel cold."（如果你觉得冷，就把暖气打开。）其物质基础为：如果向容器中添加物质，它的水平面将会上升。根据对方位概念的描述，可以得

---

[1] Lakoff, G.&M, Johnson.Metaphors We Live By[M].Chicago: University of Chicago Press, 1980.

出以下结论：一些无形的、抽象的概念很容易映射到具体的空间或方位概念中去，例如数量域、感情域、社会域。因此方位隐喻使表达抽象概念成为可能，丰富了人们日常生活的表达。

（3）本体隐喻

Lakoff&Johnson 称本体隐喻是把抽象的思想、情感和心理活动看作有形实体的概念隐喻。人们在日常生活中获得的物质体验，是理解概念结构的物质基础。鉴于此，人们可以较为轻松地通过具体的物质实体来感知和理解抽象的概念，如事件、活动、情感等。本体隐喻主要分为三类：①实体隐喻。把经验看作实体或物质，凭借后者，理解前者，以实现对经验进行物质化的描写，如指称量化和分类。②容器隐喻。容器由内部、外部与边界构成，容器隐喻将该结构投射到抽象概念中，使理解抽象概念变得更加容易。如"out of sight""fall in love"。③拟人隐喻。将非人的事物赋予人的思想或行为，如"Moscow doesn't believe in tear"。

3. 概念隐喻理论和浮现隐喻理论的双视角

（1）概念隐喻理论与习语

习语并非语言形式和习语规约义的任意配对，其意义的建构是有理据的。建构习语规约义的理据是一种将知识域与习语规约义相联系的认知机制，其中最主要的是概念隐喻。也就是说，概念隐喻是习语概念表征和理解的重要认知机制。隐喻不仅是一种修辞方式，更是人类的思维方式，人类的认知系统是隐喻构造的。概念隐喻是两个域（源域和目的域）之间的一组映射和对应，是用具体事物理解抽象事物的重要方式，而习语的概念表征和理解就是基于这样的认知模式。例如，习语 zip your lips 的字面义概念为"合上嘴唇"，它被用来表征另一个抽象概念语义"不发表任何观点"。建构这两个概念之间映射的基础或理据是概念隐喻 IDEAS ARE OBJECTS 及 THE MIND IS A CONTAINER FOR OBJECTS，这样的概念隐喻在成为建构 zip your lips 的隐喻义"不发表任何观点"的理据的同时，亦是通达 zip your lips 的隐喻义"不发表任何观点"的路径。概念隐喻是习语意义建构理据的坚实理论基础，亦是习语理解的重要策略，这一观点已经获得学界的一致认可，因此，隐喻能力必然对二语习语的学习具有重要意义，隐喻能力的培养也应成为二语习语教学的重要内容。

（2）浮现隐喻理论与习语

浮现隐喻理论（简称 EMT）旨在用概念图式来识别概念隐喻理论下常规化了的跨域映射。EMT 认为隐喻及隐喻体系的属性特征应被理解为浮现现象，是人类认知的重要产物。

EMT 的一个重要观点是隐喻受到频率的影响，就如同其在音系、词素、句法和词汇现象中的作用一般：高频率对词汇、结构或语法的形成和表征有重要影响，从长远看，使用频率对语言的变异和变化、语言习得的表征内容和方式等也有根本性的影响。

浮现隐喻理论认为习语的隐喻义是跨域映射下的自然浮现，浮现隐喻理论对习语自然发展过程中比喻义的形成具有更强的解释力。例如，人们高频率地接触到如下的表达式：keep it under your hat, zip your lips, spill the beans, let the cat out of the bag 等，在反复的跨域映射中，人们不断强化 IDEAS ARE OBJECTS 这样的隐喻，形成概念图式，形成的概念图式反过来又可以帮助人们快速地识别并理解具有相同概念图式的习语。这里，浮现隐喻理论更加强调接触隐喻的频率。隐喻图式形成于和不同域之间相连的反复出现的话语，随着不断地重复，隐喻变得更加容易理解（也就是说，激活了图式的话语加工更加快速），更加容易获取（说话者发现与图式相一致的话语更容易被接受），更有成效或更加多产（更容易成为新话语的基础）。由此可见，浮现隐喻理论对提高人们理解隐喻、识别隐喻和使用隐喻的能力具有指导意义，这也同样表明了隐喻能力与二语习语学习之间的重要关系。

4. 基于双视角的习语二语教学
（1）双视角下的隐喻能力模型

目前，学界已然逐渐深刻地认识隐喻不仅是一种修辞方式，更是人们的思维方式。教育界的学者们更是意识到隐喻能力与二语教学的重要关系，将隐喻能力研究运用到语言教学实践中去已成为二语习得研究者新的研究领域。

识别能力是对输入语言中使用了隐喻的词句、篇章等进行准确辨认；解读能力是对输入语言中使用了隐喻的词句、篇章等的语义进行正确分析和诠释；评价能力是对输入语言中某个隐喻的使用进行评判，评估同一语境中若干项竞争性隐喻表达式的优劣，包括对新奇隐喻的使用进行评判，评论和判别其使用的合理性和有效性；使用能力即在自己产出的语言中恰当地使用与特定语境相符合的隐喻的能力。

以上对隐喻识别、解读、评价和使用的能力实际上是从输入和输出两个方向来判断语言学习者的隐喻能力，识别、解读、评价隐喻的能力是对输入语言中使用了隐喻的词句、篇章等进行认知加工的能力，而使用隐喻的能力是一种产出隐喻性语言的能力。隐喻能力的这两个方面都离不开概念隐喻理论和浮现隐喻理论的学习和掌握，也就是说，隐喻能力包括对隐喻理论整体性和系统性的把握能力，以及对真实语言实例中浮现出的隐喻映射规律的自我总结能力。概念隐喻理论和浮现隐喻理论这两个理论提供的又恰是两个不同方向的视角：前者是自上而下的视角，后者则是自下而上的视角。

为此我们认为，双视角下的隐喻能力不仅指对输入语言中使用了隐喻的词句、篇章等进行识别、解读、评价的能力，还指在语言输出中使用了隐喻的能力；不仅包括对隐喻理论整体性和系统性的把握能力，还包括对真实语言实例中浮现出的隐喻映射规律的自我总结能力。

（2）概念隐喻理论视角下的习语二语教学

概念隐喻理论是一套具有整体性和系统性的隐喻理论，通过学习概念隐喻理论知识可以帮助学生更加高效准确地把握隐喻机制，提高他们的隐喻能力，从而帮助他们理解二语中习语的生成理据，更快更牢固地学习二语中的习语表达。例如，学生学习了概念隐喻 IDEAS ARE OBJECTS 及 THE MIND IS A CONTAINER FOR OBJECTS 之后，他们在学习 zip your lips 时就能很快地识别出其习语义"不发表任何观点"。因此，在习语二语教学中，我们主要抓住概念隐喻理论的整体性和系统性，具体可以从教师、学生、教材等多个方面着手，将概念隐喻教学融入习语二语教学。首先，教师自身应充分掌握概念隐喻理论，不断加强学习，提高自己的隐喻能力。教师是将概念隐喻理论应用于习语教学的具体实践者，因此，在学习概念隐喻理论的同时还应善于总结新的概念隐喻，不断更新自己的知识储备。教师应在教学中自上而下地、有系统地介绍概念隐喻理论的相关知识，注重习语理据的教学，从习语的理据出发，指出习语与概念隐喻之间的关联，让学生不仅对习语意义有更深刻、全面的了解，同时可以借此了解许多二语文化和民族风俗。这不仅有利于习语意义的理解，也有利于提高学生的学习兴趣和语言素养。

其次，培养学生的隐喻意识，通过教授概念隐喻理论知识来提升他们的隐喻能力。教师应使学生明了，隐喻不仅是一种修辞手段，还是一种认知工具，隐喻在语言中普遍存在，而且具有系统性。教师要鼓励学生在语言使用中有意识地使用习语，甚至是创造性地使用习语的变异形式。例如，Do as the Ro-mans do 就是学生们经常使用的习语，也有很多学生变化性的使用 Do as X do 的形式。对隐喻教学而言，教师可提供一个创新性的命题，或给出一个话题，要求学生进行 A IS B 结构的创造性联想，分析其中源域与靶域间的内容特征及其中的隐喻映射。这个方式也是一个较为实用和直接的方式。

最后，二语教学教材中应有意识地注入概念隐喻理论相关知识，教师应将对概念隐喻的教学纳入系统的教学计划内。概念隐喻理论是一个整体性、系统性的理论。将其归入教材中，一方面可以增强学生学习的阶梯性、系统性、完整性，另一方面也便于结合教材语言内容将理论知识应用于具体的语言知识学习中，特别是习语学习中。

（3）浮现隐喻理论视角下的习语二语教学

以上概念隐喻理论的教与学是用直接、整体、系统的方式来提高学生的隐喻能力，在帮助学生学习二语中的习语方面起着重要作用。这种提高学生隐喻能力的方式是一种自上而下的方式，对学生迅速汲取概念隐喻知识并运于习语学习确实可以发挥高效作用，但是长期来看是远远不够的，特别是时于处于语言学习高级阶段的大学生来说，需要结合浮现隐喻理论，从实例着手，只有形成自下而上的学习范式才能取得更好的学习效果，产生更大的学习收获。此外，结合浮现隐喻理论，学生可以更好地理解习语的变化使用，也能帮助自己更好地使用习语。

基于浮现隐喻理论，教师应尽可能为学生营造真实的语言环境，培养学生发现习语隐喻映射规律的能力。学生在理解一个概念时需要知道表征该概念的多种可能性，在多种可能性的基础上自己总会出此概念的真正内涵。

① keep it under your hat

② zip your lips

③ spill the beans

④ let the cat out of the bag

学生在多次接触诸如①至④的例子时，大脑中会浮现出 THE MIND IS A CONTAINER FOR OBJECTS 的隐喻，形成此类隐喻映射的概念图式，即隐喻映射规律。也就是说，仅仅向学生传授概念隐喻理论，学生对习语的理解力将是有限的。只有在视觉、听觉、触觉和行为上尽可能多地浸润在二语的真实语境中，获得直观的生活体验，学生才能在高频地接触二语的过程中发现习语中浮现出的隐喻映射的规律，从而提升自己的隐喻能力。

其次，教师应培养学生对变异习语进行合理的分析。此时，浮现隐喻理论发挥着重要的作用。如 jump the shark 这个习语如何从"开始失去吸引力"这个语义变异为和 jump the gun（抢跑）一样的语义。此时，概念隐喻无法做出解释，只能通过浮现隐喻理论来解释。Jump the shark 这个习语在现代美国英语语料库中是从 2001 年开始的。这个词组最初出现在 20 世纪 70 年代的电视剧"Happy Days"里面，电视剧中的人物 Fonzie 在玩滑水橇时候越过了鲨鱼（jump the shark）。之后，这个表达创造性地被理解为一种力图提高电视剧收视率的荒谬手段。不久之后，和 jump the gun 意思相近的 jump the shark 的用法开始出现，因为 jump the shark 和 jump the gun 的句法结构（句法图式）相似，因此 jump the shark 的语义在与 jump the gun 的句法图式相似的基础上被重新分析了，语义随着时间的变化而发生了变异，jump the shark 也浮现出了 jump the gun 的语义。在习语二语教学中，教师应引导学生从习语中概念图式和句法图式互动的角度来分析习语的变异，通过整个经验领域，包括文化百科知识而非孤立的概念来理解二语习语的变异，从而能够更好地理解二语习语中的隐喻含义，提升自己对习语中隐喻的判断和理解能力。

最后，教师要帮助学生通过习语的学习正确地理解不同的文化及意识形态。教师如何从整体上归纳总结这些差异并且指导学习者使用习语时避免文化负迁移呢？遵循浮现隐喻理论，教师要帮助学生多接触地道的二语习语，并在大量地使用实例中浮现出其整体的概念图式，以此为基础，总结出其中的文化内涵及意识形态，如关于 dog 的习语，在大量接触实例之后，形成 DOG IS A Good FRIEND 的概念图式，从而总结出 dog 在英国文化中具有褒义色彩的概念。在二语习语使用中，教师应引导学生自主地展开跨语言基础对比，深刻地领悟语言间习语隐喻的根本性差异，力避用母语生搬硬套英语概念的现象；培养学生恰当地将母语隐喻能力转化为二语隐喻能力，从而最终达到培养和提高学生二语隐喻能力的目的。

概念隐喻理论与浮现隐喻理论双视角下的习语二语教学，能够有效地帮助具有不同认知风格的学生发展和提高隐喻能力。对于不善于自我发现和自我总结的学生，教师可以将其统一到具有整体意象、图景式加工模式的优选方案上来，也就是加强其概念隐喻理论知识的学习，使其短时高效地提高隐喻能力。对那些擅长自我发现和自我总结的学生，教师应充分利用浮现隐喻理论，鼓励学生在真实语境中发现隐喻映射规律，尊重学生的个体理解、生成和创造隐喻的意识和策略。总之，教师在习语二语教学中有效地将概念隐喻理论和浮现隐喻理论结合起来，能够大大是升学生的隐喻能力，增强习语习得的效率。

5. 概念隐喻对英语写作的作用

首先，概念隐喻的教学可以使学生思维概念流畅，即有能力理解和使用目的语的概念性思维。研究发现，当目的语和母语的概念领域相一致时，学生在目的语的使用上很容易达到概念流畅；如果想使用目的语，却调动的是其母语的概念模式，则表达很有可能是结构正确而语义不清。为了使学生在外语写作中概念思维更加流畅，培养隐喻意识很有必要。

其次，概念隐喻有助于丰富语篇的内容和结构。系统性是概念隐喻的最主要特征，存在于隐喻之中以及隐喻之间，决定了隐喻表达的多样性。如果掌握一定的概念隐喻知识，学生就可以不断地延展各种隐喻性表达，从而丰富他们作文的内容。隐喻性表达之间相互关联，从不同视角体现出这一概念的特征，学生的整个写作语篇就形成了隐喻化的网络。

6. 概念隐喻对英语写作教学的启示

（1）教师必须提高自己的隐喻能力

教师的隐喻能力不仅包括自己理解和构建隐喻的能力，而且还包括向学生正确解释隐喻的语言能力。具备隐喻能力是一个教师进行概念隐喻教学的基础。教师应该从以下几方面提高自己的隐喻能力：首先，教师要培养自己的隐喻意识，了解概念隐喻在外语教学中的重要作用，从思想上加以重视。另外，教师要利用课余时间学习有关概念隐喻的知识。例如，教师可以通过书籍和网络学习有关概念隐喻的知识。其次，教师可以通过日常练习提升自己的思维能力以及引导学生理解概念隐喻的能力。当看到一些隐喻性表达的语句时，首先教师自己要理解这些表达从何而来。另外，教师还要向学生讲清楚这句语言表达和这个概念隐喻之间的关系及这个概念隐喻形成的原因。

（2）教师应该深挖教材，正确把握隐喻性语言

其实，英语教材本身就是一套含有丰富的隐喻语料的书籍。有时因为学生没有接触有关概念隐喻的知识，只能理解文字的表层意思，不能把握文章的深层含义以及文化意义。因此，教师要凭借自己的文化背景和思维推断，正确理解教材中的隐喻性语言，引导学生领会教材内容背后的深层内涵。首先教师可以利用课余时间熟读以及研究课文中的语言材料，收集其中的隐喻性表达的语言实例，然后将其归类与分析，使自己对这些隐喻实例有深刻的理解。其次，教师在上课的过程中应该对课文中出现的隐喻实例向学生做出正确的解释。通过对这种语言现象的讲解可以使学生明白其表达的合理性及系统性，并且加深对它们的理解，激发学生的语言学习乐趣，培养学生的隐喻意识和隐喻思维，提高他们的英语写作整体能力。

（3）教师应该依据教材内容，合理设计教学方案

虽然概念隐喻理论指导下的英语写作教学可以丰富学生习作中的词汇和句式，使语篇更加连贯，但不是所有的英语课都需要去使用它。因此教师要根据写作主题或要求灵活选择不同的教学方法。例如，老师要求学生写一篇关于学校要开运动会的通知。通知的要求就是信息完整，表达清楚，容易让读者理解。这时，教师就不需要基于概念隐喻理论进行教学设计，而是需要引导学生掌握写通知的格式，准确完整地清楚地表达信息。如果让学生写一些抽象概念类的作文，教师

就可以选择概念隐喻理论指导下的写作教学。教师可以引导学生发散思维，构建各种各样的概念隐喻，进而培养学生的隐喻思维能力，提高英语写作水平。

另外，因为学生对概念隐喻接触的还比较少，所以要求教师在设计教学计划时应该考虑学生对概念隐喻的认知水平。当设计一个教案，教师要注意从认知层面入手教学生，引导学生学习从简单到复杂的语言材料，从而把知识从抽象转化为具体。

另外，教师通过列出大量的语言实例向学生解释概念隐喻知识是很好的教学程序。学生拿到一篇英语习作时，教师首先应该引导学生理解这一概念，形成自己关于某一事物的认识，这样学生才可以根据自己的生活和学习经历将这一概念映射到自己熟悉的概念上面，构建不同的概念隐喻，输出多种多样的语言表达。

（4）教师应该注重师生之间的互动性。

因为概念隐喻是一种思维方式，因此注重师生之间的互动性在英语写作教学中变得尤为重要。如果教师只一味地给学生灌输概念隐喻的有关知识，这样会使学生缺乏思考，长期以往，学生就会对概念隐喻失去兴趣。因此，教师在教授的过程中应该多发挥引导性作用，调动学生的积极主动性，和学生共同讨论隐喻话题，发散学生的思维。在讲解概念隐喻时，教师可以先不去讲这个概念隐喻是如何形成或映射的，而是和学生一起讨论这个表达的背后含义。首先，教师可以先说自己关于这个表达的理解，然后让一些学生再说他们的理解。因为教师的阅历比学生多，所以他可能对这个表达的理解更深刻一些。然而学生们之间的理解也是有区别的，因为他们每个人的都是独立的个体，都具有不同的性格特征和生活经历。当所有人分享完自己的观点时，教师和学生、学生和学生之间可以一起互相讨论。在互相讨论的过程中，其实学生已经对这个概念隐喻已经理解得很清楚了。最后教师可以对概念隐喻和英语写作做一个简单总结。师生之间的互动可以激发学生的隐喻学习兴趣，提升学生思维能力，拓宽学生的思维视野。

（二）认知语篇学连贯研究对于英语写作连贯教学的启发

英语写作连贯教学中，教师需以指导学生能够写出连贯语篇为基本教学目的；在语篇分析过程与写作实践过程中引导学生逐步领略连贯，最终写出连贯的语篇。针对认知语篇学视角下的连贯教学，可以提炼为五步教学模式：理论讲解—步骤学习—实践分析—理论运用—连贯检测。

1. 向学生灌输认知语篇学关于连贯的基本知识

为了加深对语篇连贯的认识，学生首先有必要储备一些认知语篇学中关于语篇连贯的基本理论知识。此外，学生应该了解认知参照点是人类一项基本认知能力，包括认知参照点、认知者、认知目标、认知域、心理路径。

2. 指导学生掌握认知语篇分析步骤与方法

考虑到需要通过"生成者视角与接受者相结合视角"进行语篇分析与研究，故学生应该明白需要从语篇生成者和语篇理解者两个角度认识连贯。一方面需要根据语言线索挖掘发现语篇生成者的认知模式特征，另一方面语篇接受者需要从语篇中发现找到连贯的语义线索，如不同种类的概念照应关系等。

3. 学生通过大量的语篇分析实践，增强对连贯的认识

考虑到连贯的心智性特征与语篇分析的实践性特征，学生需要在相当数量的实际语篇分析过程中体验连贯。教师可以从正反两个不同的方向选择文章，以供学生分析。

4. 引导学生将认知语篇学的语篇理论运用到写作过程中来

在学生储备了一定的理论基础，知晓了语篇连贯分析方法以及进行了大量语篇分析实践后，可以对连贯现象形成一定的直观认识体验，从而开始尝试写出连贯的语篇。

第三节 语料库工具在英语写作教学中的应用

一、语料库英语教学的相关理论基础

（一）克拉申的二语习得理论

第二语言习得的著名学者，Krashen 教授在其著作 Second Language Acquisition and Second Language Learning[①] 当中明确说道：可理解的输入是二语习得的关键性步骤，只有学生在现有的语言能力水平下前进一点点，输入才能变为可理解性地输入，二语习得才能得到有效的发生。Krashen 教授将这个观点总结抽象成了一个著名的公式，即 i+1 公式（其中 i 表示学生现有的语言能力水平，1 代表前进的一点点）。我们姑且不论 Krashen 的理论是否经得起严格的逻辑论证，假设这个理论是完全成立的，我们可以从中抽象出两个推论：

[①] Krashen, S.（2002）.Second Language Acquisition and Second Language Learning [DB/OL].University of Southern California.Retrieved from the webpage：http：//sdkrashen.com/SL_Acquisition_and_Learning/index.html on April, 7th, 2011.

（1）有意义的教学不应该太简单，而是应该在原有的基础上前进。对具体词汇教学而言，就是不应该盲目减少词汇量，这点蔡基刚教授在其文章中也谈到了。

（2）有意义的教学不应该太难，当教材的新词汇量超过了一定的程度，盲目的输入学生不能理解的新词汇时，学生的可理解性输入会骤然减少，最后同样导致整个教学变得效果甚微。

根据 Krashen 的理论，每篇课文包含一定的生词量是必需的，但是这个生词量具体是多少却又很难定量。Krashen 的理论自问世以来本身也长期被这样质疑：即 Krashen 所谓的 i+1 当中的 1 究竟多少才算合适。关于这个问题，在词汇教学当中有不同的说法。一种认为课文生词量在 2% 左右为宜，超过 5% 为过多，一种是通用的 5% 左右。而根据相关专家的研究，b 愉快的阅读体验应该保证已知词汇最少达到 97%—98% 的阈值，当生词率达到 10% 以上时，便已不再适合二语学习者理解并掌握文章。

新词词汇量究竟该多少为宜，这可能是个永远让人得不到满意答案的问题。作者得到这个结论基于两点基本假设：一方面，不同的学习者学习等量的新词难度可能不同，即 i+1 的"i"和"1"都是学习者个人化的。另一方面，生词的难易度是有着各种区别的，同一个学习者学习不同的词汇所耗费的认知负担也不尽相同，同一个学习者学习很多相对容易的新词可能比学习一两个非常艰涩难懂的新词还要容易许多。而且，学习效率和学习者心情，学习动机，学习环境等等复杂的变量都有联系，很难说学一个新词最后究竟是困难还是容易。

（二）现代语言学的不同方法流派及语料库语言学

目前对于语言学的各种理论，根据不同的专家分类则可以在宏观上分为两种或三种不同研究方法流派。

第一种分类是将语言学直接仅分为运用内省知识进行研究的传统流派和运用现代计算机技术对真实的语料进行研究的实证主义流派。第二种分类则是在内省和语料库之间加上了一个诱导法的流派。不管如何分类，将内省法和语料库分为不同的类别是很多学者们比较认可的一个判断。当然，这些分类是该领域专家的判断。实际上，现代语言学博大精深，更为仔细的分类恐怕比这要复杂得多。

内省法是一种定性的研究方法，起源于心理学研究，经常用于研究特定的认知过程，问题解决策略或思维活动中某些因素对思维过程和机制的影响作用。它是一种有效的口头报告方法，主要用来研究受试者完成某一项任务时的思维过程。

根据相关专家的解释，内省法以学习者的口述为数据分析语言学习者信息处理的方法，而不是依据语言学习者的语言运用结果来推论其思维过程。因此，内省法的数据就是学习者的口头报告（Protocol Analysis or Verbal Protocol）。根据语言使用活动与口述之间的间隔，研究中常用的口述一般可分为共时口述（con-current verbal protocol）和事后口述（retrospective verbal protocol）。前者是受试在完成特定任务的同时讲述自己的心理认知状况，描述其思考过程而无须解释原因，思维与口语化同时进行，又称为有声思维或出声思考（Think aloud）。后者是受试在完成特定任务后追述自己的认知心理过程，这时由于遗忘、干扰等原因，受试可能会遗漏一些细节，也可能结合原有经验对思维内容进行推论和补充。

所谓的内省流派（introspection），最典型的例子当属于乔姆斯基的转换生成语法流派以及之前的各种传统语言学研究的流派。顾名思义，这种流派对语言问题的研究主要采取的是内省的方法。他们大多会以语言学家本人为资料提供人，依靠自己的语感来研究判断语言现象存在的种种正误、意义、可接受性等。而与这种研究方法相对，利用现代计算机技术和更加秉承了科学实证主义的语料库研究方法则从某种意义上放弃了单纯的内省研究法。首先，与内省派的研究资料来源不同，语料库研究的内容来源是基于现实当中的语言真实使用情况所制作的各种语料库。其次，语料库研究依靠的技术手段是以语料库语言学的各种客观统计方法为主的，在满足科学性的基础上又不单纯否定传统内省法定性研究的优点。由此可见，语料库研究继承了传统内省研究的优点，又在此基础上发展了语言学的研究视野。

在现代语言学界，这两种流派之间既有区别对立，也有相互融合的趋势。一方面，以乔姆斯基为代表的内省学派从现代语料库语言学诞生之日就开始对其进行了不断地批判。乔姆斯基认为语言学理论要做的事情不是记录并统计各种语言学的行为现象，而是描述语言的母语使用者内省的语言能力。对于语料库语言学家依赖概率统计等研究手段进行研究的范式，乔姆斯基曾在全美语言学大会上毫不留情地对语料库学派批评到：尽管 I live in New York 比 I live in Dayton, Ohio 这句话更为常见，但这对语言学理论和描述却没有半点的关系[①]。而且，按照乔姆斯基及其追随者们的观点，语言还是具备可生成性的。语料库只能展现到目前为止人类所说的话，它并不能预示明天人们能说些什么。总结成一句话，就是语料库是有限的，而语言的实际使用情况几乎是无限的。

---

① Biber, D.&E.Finegan（1991）.On the Exploitation of Computerized Corpora in Variations Studies[M].Aijmer&Altenberg.

另一方面，现代语料库语言学阵营为了维护自己来之不易的地位，也对传统的内省派进行了一些反驳。语料库语言学家为此专门送给内省派语言学家一个响亮而略带调侃意味的名称：沙发派语言学家。意思是在计算机技术没有普及的昨天，从事语言学研究的学者做学问时是这样的一幅神情：他气定神闲地坐在一张舒服的带有靠背的松软沙发上，两眼微闭，双手放在后脑勺。只见过了一会，他睁开了双眼，突然喝道："天啊，多明显的一个语言事实！"然后他便拿起了笔和纸，奋笔疾书了一阵，将一切的想法都记了下来[①]。

抛开两派对立中感性的一面，作者认为乔姆斯基对现代语言学的批评有一些合理之处，但在这个问题上作者也同时认为：虽然乔姆斯基作为一代语言学大师开创了一项全新和伟大的事业，但他对早期的现代语料库语言学的批判和后来语料库语言学的蓬勃发展本身就是一个事实胜于雄辩的悖论。这点和现代理论物理学的发展极为相似，爱因斯坦虽然早年凭借其《相对论》成为理论物理学界的一代宗师，但他却在晚年犯下了唱衰量子力学的错误。实质上，作者认为乔姆斯基对语料库语言学的批判是主要基于其自身理论中蕴含的 competence（语言能力）和 performance（语言运用）以及之前索绪尔理论当中的 language（语言）和 parole（言语）二元对立的区别而形成的。由于语料库研究的是真实而没有经过理性萃取（idealization）的语言现象，按照乔姆斯基和索绪尔的理论很难将其抽象归纳为理性的科学思维。因而，这种区分对立是建立在唯理主义的思想之上的。

正如牛顿需要忽略掉羽毛下降时的空气阻力、摩擦力等各种干扰条件才能抽象出经典力学三大运动定律一样，理性的内省思索对理论的构建是有巨大的能动作用的，任何现代严格意义上的学科进展都不是仅仅通关观察现象得来的，从现象到本质需要思考；需要去粗取精，去伪存真；需要抽象和升华，而这些恰恰是理性内省的部分。但是从另一方面而言，理性主义也有自身无法克服的局限性。乔姆斯基的语言习得机制 LAD 究竟是什么到今天为止还是没有一个确切的答案。无怪乎乔姆斯基自己的高徒乔治拉考夫都背离师门，自立门户，投身新兴的认知语言学派，和导师在学术上大唱反调。而对于不能用纯理性解释的语言问题，这种理性主义的局限性也似乎更大一些。相关论述正如功能语言学派代表人物韩里德所说的："我看不出理论（传统内省）和数据收集（语料库）之间的对立。相反，当我读到牛顿在著述《光学论》时，我却记得自己充满了迷茫。如果牛顿在做光线通过不同介质的折射实验时只是收集数据，而把理论建树部分留给后人会变成怎样？早期的物理学家们不能够进行细致的数据观测的一个重要原因是由于技术

---

① 卫乃兴等（2005）.语料库应用研究 [M]. 上海：上海外语教育出版社.

水平的限制,他们不得不在没有得到大量数据的基础上被迫进行理论的归纳。伽利略和牛顿虽然进行了实验观测,但他们并没有将观测和理论归纳作为对立的两极"①。由于韩里德是著名的功能学派创始人,我国的学者顾曰国所说的语料库语言学,也是结构主义和功能主义两大理论阵营对垒天平上的一个举足轻重的砝码。

(三)频次效应

由于翻译不同的原因,频次或频率这里指的是同一个概念。根据《朗文语言教学及应用语言学辞典》的定义,频次(frequency)指语言项目在语段或语言材料中出现的次数。这个定义只指出了语言的分布特征(feature distribution)。实际上,还有一种根据澳大利亚学者的定义,在语言学中频次既包括练习频次(task frequency)也包括语言特征的分布规律(feature distribution)。练习频次就是指一个人接触某一语言的经历。

我们可以将频次分为输入频次和输出频次。输入频次就是学习者反复接触目标语的次数,从而使学习者逐渐意识到语言特征的分布规律、语言形式与功能的关系;输出频次是指学习者不断运用目标语的过程,这能帮助学习者巩固所学,加速陈述性知识向程序性知识的过渡。

二、语料库的分类

首先,语料库可以按用途划分为通用语料库和专业语料库。通用语料(general corpus)库一般指的是广泛收集的,取材平衡的大型语料库,一般常常达到数亿词。由于制作复杂,一般都是大型机构制作的,英语国家语料库(BNC),美国国家语料库(ANC)是其典型的代表。与通用语料库相对,专业用途语料库(specialized corpus)指的是出于某种特定的研究目的收集的特殊领域的语料库,如国内学者杨慧中先生早期做的享誉世界的上海交通大学科技英语语料库(JDEST),桂诗春先生近期自建的英语语言学语料库,曹合建近期做的商务英语语料库等都属于专业用途的语料库。

其次,语料库在时间维度上又可参照语言学上的共时研究与历时研究分为共时语料库(synchronic corpus)和历时语料库(diachronic corpus)。共时语料库指的是一个时间点上横向的语料库,历时语料库则一般指纵向历时研究某一个问题

---

① Halliday,M.A.K.(2002).The Spoken Language Corpus:A Foundation for Grammatical Theory[A].23rd International Conference on English Language Research on Computerized Corpora of Modern and Medieval English[C].Goteborg.

的语料库。

语料库在形式上则可以划分为口语语料库（spoken corpus）与书面语语料库（written corpus）。口语语料库一般指的是通过口语转录和标注的文本，有时也可以包括语音文件。如果收集的样本量够大，也可以被视为是口语语料库。目前，相对于需要额外手工转写的口语语料库，书面语语料库比较简单，常常来源于书籍、报刊、书信等一切文字作品，具有易收集和不受时空限制的许多特性。

按语言的习得维度划分，语料库又可以分为学习者语料库和本族语语料库。本族语语料库（native speakers' corpus）就是研究者收集的语言样本全部来源于本族语者。与本族语语料库相对，学习者语料库（learner corpus）指的是非本族语学习者二语使用样本构成的语料库。作者认为学习者语料库进一步可以划分为教学语料库和产出语料库。教学语料库是对学习者进行教学语言输入归纳编纂的研究型语料库，产出语料库则是收集了学习者语言产出样本的语料库。语言产出方面的语料库很多，包括国际上90年代建立的著名的英语学习者国际语料库（International Corpus of Learner English，ICLE）；国内桂诗春、杨慧中、文秋芳等人各自或合作建立的中国学习者英语语料库（CLEC）、中国学生口笔语语料库。其实严格意义上的教学语料库不仅仅是课本，作者认为还应该包括教师的讲授、网络视频、原声电影、磁带、网络资料等一切学习者能得到的学习内容。

按语料库的来源划分，语料库又可分为单语或平行语料库。单语语料库就是单一的语言组成的语料库，平行语料库的语言至少由两种自然语言组成，而且描述的内容相同，相互要对应，即一种语言是另一种语言的译文。多语言的语料库对研究机器翻译有着巨大的价值。

这里值得一提的是学科内部比较前沿的网络语料库（Lattice corpora 或 Internet corpus），网络语料库是一个不断更新的，有着海量数据的巨型语料库。很多商业的互联网公司或巨头（如谷歌、百度、新浪）近年来都在网络语料库的建设方面做得非常出色，其研究意义也非凡，有些研究结论甚至能影响到生活的方方面面（如用来预测股票的涨跌，经济整体的走势等），具有巨大的预测能力。

按语料库的处理方式划分主要指的是对收集到的语料库是否进行了二次标注。其中没有标注的为生语料库，标注过的为熟语料库。有关生语料库和熟语料库的孰优孰略问题，则是一个学界不断争论的内容。

三、语料库工具简介

（一）AntConc

AntConc 工具是由日本早稻田大学 Laurence anthony 设计开发的一款绿色免费语料库检索工具，包含检索、检索定位、文件查看、词丛、搭配、词表、关键词表七个程序。在外语教学与研究中，用来进行常见文体特征的观测与分析。

（二）Range

Range 工具由新西兰维多利亚大学语言学及应用语言学系的 Paul Nation 和 A.Coxhead 两位教授设计，由 A.Heafley 编写，使用时可登录网站进入 P.Nation 的个人主页中免费下载该工具。该工具自带三个基础词表，分别为 Baseword1.txt、Baseword2.txt、Baseword3.txt。Baseword1.txt 由英语中出现频率最高的 1000 个单词组成（实际为 999 个词族），Baseword2.txt 由英语中出现频率最高的 1001—2000 个单词组成（实际为 987 个词族），Baseword3.txt 是 Coxhead 制定的"学术词汇表"，其中包括除上述 2000 个最常用词汇以外的 570 个大学常用学术词汇。研究者可以利用此工具在三个词表基础上进行文本词汇深度和广度的对比分析。

四、语料库方法在高校英语写作教学的应用

（一）语料库与外语教学

语料库的一个重要的功能就是直接用来进行教学。在过去的三、四十年当中，外语教学的基本理论发生了一次比较大的转变，具体而言就是，从以教师为中心出发的关注语言形式的教学，转向了以学生为中心的关注语言的交际运用，这一转向即代表语言教学的聚焦点更加关注如何去合适地运用词汇而非必须在规定的框架下运用词汇，语言教育的核心转向更加关注信息（messages）和信息使用者（messengers），而非其背后的语言形式及语法教学。语料库是由自然的文本构成的资源库，它的出现刚好可以为外语教学提供真实的语言输入，其外在的表现也是和整个外语教学内在的理论向交际教学法的大转向不谋而合。

何安平在其最新的著作《语料库辅助英语教学入门》[①]当中，将语料库用于教学的理论基础，归纳为语言学中的频数语言观（language is frequency driven）；图式（schemata），注意（noticing），连通（connectionism）等基于认知心理学的理论；

[①] 何安平（2010）.语料库辅助英语教学入门 [M].北京：外语教学与研究出版社.

自主型学习、个性化学习、合作型学习等现代教育学理论。作者认为这是目前为止对语料库教学比较全面的总结，具有一定的理论层面的重要意义。

在实际的教学过程中，学生可以用语料库软件方便地对某个词，某种固定的搭配进行具有针对性地查询，并在此基础上自己归纳出词语的常用表现形式，从而很快地掌握地道的外语，这是了不起的一件事情。语料库可以以其特有的计算机检索手段和呈现界面收集和处理海量的信息，这是一种比以往的计算机辅助语言学习（CALL）更能深层关注语言知识结构的教学方式。同时，这样的学习方法又能拥有人机互动的优点，一方面有着电脑检索的方便优势，另一方面又能促进学习者自主地进行思考，因此语料库可以被称之为现代教育信息技术园中的一朵奇葩。

尽管语料库语言学已经发展了这么多年，语料库外语教学也有着这么多特殊的优点，但这却并不代表语料库在外语教学及研究当中已经或将要变成一种主流。这是因为：第一，很多的教师仍然不情愿丢掉那些一度辉煌过的关注于形式和理论的教学法。第二，相当一部分的教师仍然对新兴的技术抱有排斥的态度。作者认为：尽管语料库在教学方面的发展有着各种阻力，但其未来的发展却方兴未艾，大有可为。作者大胆预测今后语料库教学技术的发展可能会带有两个方面的趋势，向两个方面拓宽，未来将走得更远和更精彩。

第一个趋势是更大和更加方便的语料库将会在不久之后出现。随着技术的不断发展，云存贮的网络海量词汇语料库和人性化设计的APP客户端借助互联网可以被学习者以更加人性化的方式，如借助计算机、平板电脑、甚至是手机加以全天候地利用和查询。今天的一些商用软件，如"谷歌词典""有道词典"就是这一趋势的雏形。

第二个趋势是更小、更精确、更及时的语料库将会出现。所谓的更小，是指未来甚至可以针对个人的语言实际使用情况，建立详细的学习者语言学习档案。随着语音识别、光学识别、自动赋码技术、云输入技术的不断进步和整合，未来完全可以运用智能手机这样的工具，记录下某个学习者语言输入和语言产出全部资料的详细动态数据档案，并且可以自动通过先进的云数据统计和分析系统将这些数据加以分析，最后可以随时或定时精确地向学习者指出其薄弱的语言知识点。对外语教学而言，那将是具有革命性意义的重大进步。因为到时候每个学习者都几乎配备了一个个人化的外语学习指导专家，它甚至能为某个学习者量身制定一套最为合适的教学理论。那时的语料库将不再会是只掌握在少数外语教学专家手里的高不可攀的工具，而将会真的是"旧时王谢堂前燕，飞入寻常百姓家"。作者认为那时的语料库教学才到了大有可为的开始。

总而言之,语料库教学的前途是非常光明的,这方面的有益尝试和研究必然会在今后越来越多。特别是语料库技术和各种新型的技术结合,其带来的升级和进步对外语教学的未来是具有革命性意义的。

(二)语料库智能学习平台在英语写作教学的应用

我们这里选择一个具体案例——叙事文"A Bush Fire"的上半部分,谈如何利用多个平台展开主题语篇教学。

1. 语篇高频词与例句的在线分析

要落实新课标"依托语篇"的教学理念,首先要对教学的语篇进行文本分析。而在词汇分析上,免费智能平台 VersaText 具有优势,可以为师生提供多层面的语篇内容和语言辅助分析。依靠后台 1.7 亿词次的 LEXMI 英语语料库,它能对上传的语篇进行词性赋码、句子切分、高频词和关键词检索、词汇分级归类等操作。阅读教学中,该平台可从以下几个方面辅助学生提高阅读效率。

(1)快速归纳语篇概要

学生通读教学语篇后,教师将教学语篇的电子文本上传到 Versa Text 平台上,勾选需要展示的高频词数量(本次勾选了 10 个词)和词型(本次勾选了 NOUN 和 VERB,即实意词中的名词和动词),最后得到教学语篇的词云图(图 3-3-1)。

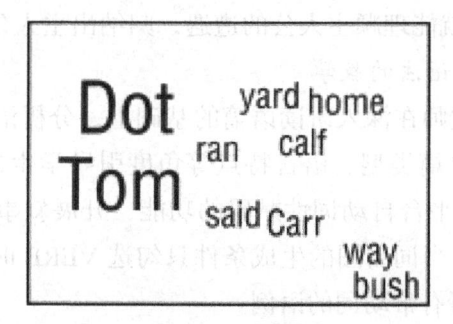

图 3-3-1 词云图

词语的使用频率与语篇内容密切相关,因此提取语篇中的高频实意词就能高效而集中地揭示语篇的主要内容和故事发展脉络。智能平台的词云图功能高效而简便地替教师完成了词频的计数工作,因此教师可直接使用词云图引导学生基于早先的通读印象,从词云图中提供的高频词概括出语篇主要内容。

(2)聚焦语篇细节

叙事文的一大重心就是人物塑造。为了让学生对故事中的主要人物 Tom 有更深的理解，教师点击词云图中的单词 Tom，平台就会按叙事顺序即时呈现所有含有单词 Tom 的语例（图 3-3-2）。

```
1. One very hot morning in December, Tom Carr and his sister Dot were playing in their yard.
2. Tom Carr and his sister Dot were playing in their yard. Tom was nine years old, but Dot was only three...
3. Tom was nine years old, but Dot was only three, and Tom took very great care of his little sister.
4. Then a man rode into the yard and Tom knew him. It was Mr. May, who lived at the next station.
5. In an hour or so Mrs. May and her baby drove up. Tom and Dot ran to meet them. "Thank you dear," she said...
6. She went to the house, and Tom and Dot were going after her, when Tom stoped.
7. Tom and Dot were going after her, when Tom stoped. "Look there, Dot," said he, "the brown...
8. ... closed again and the brown calf was running away. Tom ran at once to bring the calf back...
```

图 3-3-2　单词 Tom 检索结果（部分）

学生只要逐行细读 Tom 的相关表述（尤其要关注描述 Tom 所言、所行及心情的动词与形容词），就能理顺主人公的遭遇，归纳出主人公 Tom 的性格特点。

2. 语篇体裁和词汇语法的教学

新课标反复要求教师在深入研读语篇的基础上，分析语篇的结构特征和语言特点，从主题语境、语篇类型、语言特点等角度引导学生进入深度学习。对此，教师可借助 Versa Text 平台自动词性赋码的功能，开展叙事文体裁特征与词汇语法的结合教学。例如，当词云图的生成条件只勾选 VERB 时，该平台便会呈现 A Bush Fire 上半部分中所有带动词的语例。

通过观察检索例句中动词的时态形式，学生发现文中大多数动词采用过去式，这一现象表现了记叙文的一个重要体裁特征——以"回忆过去"的角度进行叙事。至于那些没采用过去式的少数语例，学生可以进一步观察这些动词的前后搭配词乃至标点符号，关注这些动词所处的具体语境。

3. 读后续写的自动评估

新课标在学业质量水平中将"能概述所读语篇的主要内容或续写语篇"作为必备的写作能力之一，提倡在阅读训练中穿插看图预测、提取表格信息、读前与读后讨论，或是加入写作概要、续写等包涵看、说、写的活动，对故事续写提出了"考生阅读故事性短文，根据其中情节，续写故事，使之完整"的要求。要落实这些要求必须在教学中使用大量课外阅读资源，对教师的批改工作也提出了较高要求。为了减轻教师的工作负担、增强学生的自学能力，教师可以利用平台的在线自动批改功能辅助教学。在这一点上，iWrite 能达到教师的需求，它是针对中学英语读写题型、评价标准及关键能力研发的智能平台。依托英语母语使用者与英语学习者的大量语料，以及线上线下融合的教学模式，iWrite 能有效提升学生英语写作水平。假设我们在教学"A Bush Fire"这篇语篇时，只教学语篇的上半部分，隐藏下半部分，安排学生进行读后续写。此时除了要观察学生续写的故事是否合理，也要批改续写中出现的语法错误，而语法的批改工作将占据教师大量的工作时间。其实只需把学生续写的作业文本粘贴到 iWrite 主页的"批改体验"框里，便可即时获得细致的反馈信息。

第四章 高校英语写作教学的模式应用

传统以教师为中心的"满堂灌"模式,类似独白式的授课方式,很显然无法满足国家、社会和学生个人对英语写作课堂的需求,因为学习的主体学生被剥夺了主动参与的权利。一方面,这种课堂模式会产生教师的强势话语,这种话语霸权会剥夺学生对教材的处理权、对学习材料的选择权、时教学过程的体验权,并影响课程评价的公平性和参与性。另一方面,社会建构理论和自主学习理论下的学生为中心的教学模式把主动权让给了学生,却弱化了教师对课堂的主导地位。学生的小组讨论看似热闹,但话题目标不明确,讨论过程偏题走题严重,讨论结果也经常是不了了之,课堂费时低效。"公共英语写作"课程亟须有效的教学模式,兼容教师和学生这两个课堂主体,同时把其他的教学因素融入课堂,形成一个活泼高效的外语课堂。

本章节就根据目前传统英语写作教学模式的现状出发,列举了三个具有代表性和创新性的英语写作教学模式,分别为混合学习模式、抛锚式教学模式和对分课堂教学模式。这三种教学模式用不同的形式为英语写作教学带来新的改革思路供读者参考。

第一节 混合学习模式在高校英语写作教学中的应用

一、混合学习模式概述

(一)混合学习模式定义

混合学习在西方国家是一个非常流行的词。它首先出现在商业培训中。国外一些公司为了省钱和为学员提供方便的方式,把一些培训课程放到网上。随着计算机技术和互联网的发展,越来越多的人认识到混合式学习的重要性。国外一些学者已经出版了有关混合式学习的专著。有些教师将混合学习模式应用于教学中。

自 2003 年何克抗将混合学习模式引入我国以来，混合学习就引起了国内学者的广泛关注。

在中国，许多学者认为混合式学习并不是一种新的学习模式，而在我们的传统教学中，混合式学习已经存在。例如，有学者指出：学生在听老师讲解时，会使用其他方法来辅助完成老师布置的任务或家庭作业，这与老师课堂讲解不同。这样，在他的学习过程中就出现了混合式学习。一些学者对混合学习的概念进行了详细的界定。他们认为混合学习是指传统的课堂教学模式与其他教学形式相结合，如粉笔黑板教学模式与教师制作的微视频相结合。从以上的定义可以看出，传统教学模式可以与其他任何学习形式相结合而形成混合学习模式，说明混合学习模式的应用具有广泛性和灵活性。

国外学者也赋予了混合学习模式较为丰富的定义。有些人用一种简单的方式来定义它，比如 Harriman、Smith 和 Rochester Institute。他们只是将混合学习定义为将在线学习和面对面学习相结合的学习方式。他们提出混合式学习的目标是通过结合不同的授课方式来提供最有效的教学体验。首先从本质上讲，混合学习被定义为一种远程教育方法，使用技术（高科技，如电视和互联网或低技术，如语音邮件或电话会议）与传统（或单口）教育或培训相结合。其次混合式学习的目的是将最好的课堂教学与最好的在线教学结合起来。即使是简单地将混合学习模式定义为课堂教学与在线学习相结合，也可以看出混合学习模式的本质是打破单一的教学模式，运用不同的教学手段提高教学质量。有些人从教学的不同元素的角度来定义它。但是有些学者从课程设计的角度来定义它。他们认为，通过完全面对面的学习环境和完全在线的学习环境，混合型课程可以位于两端的连续统一体之间的任何地方。混合式学习课程是指将很大一部分学习活动转移到网上，传统上花在教室里的时间减少了，但没有消除。混合学习课程的目标是将课堂教学的最佳特点与在线学习的最佳特点结合起来，以促进主动自主学习和减少课堂座位时间。从上述定义可以发现学者们更加关注的是混合学习模式如何促进学生的学习自主性，混合学习打破了课堂教学时间和空间的限制，学生有了更多自己的时间学习，在一定程度上增加学习兴趣，提高学习自主性。

从上述混合学习的定义中不难发现，混合学习并不是信息技术的简化和不同教学形式的简单结合，而是教学理念、教学模式和组织方法的综合，以创新和创造为目的。在研究了国内外教授学者对混合学习的定义后，经过对一些研究的思考和总结，目前人们广泛使用的混合学习是网络学习的衍生品，它将面对面的课堂教学与在线学习相结合。在整合的过程中，教师有必要充分利用网络资源的丰富性和多样性，为学生提供更多的渠道来获取更多的资源来满足探索的欲望，而不是在指导和监控学习过程中忽视教师的作用。总之，混合学习模式是一种以促进学生有效主动学习为目标的学习模式。

（二）混合学习模式的理论基础

1. 建构主义学习理论

建构主义学习理论源于皮亚杰、维果茨基的教学思想，是在行为主义的基础上，从认知信息加工理论的视角来对学习内容进行审视，这给予了教育工作者很多的思考。建构主义学习理论更多地强调学习者在学习的过程中如何完成建构，而不是简单地认为学习仅仅是一个知识传输的过程，学习者在学习时只有基于自身的经验建构新的知识体系，才能够实现知识的有效传递。具体而言，建构主义学习理论的核心观点主要有以下几点：

（1）知识观

建构主义学习理论认为知识并不是稳定的，知识具有灵动性特征，知识本身也会有局限性，这就意味着学习者在很多情况下并不能直接学习或者运用知识，这就是知识的情境局限。知识是对世界的既定性认知，只能在具体的情境中对事物进行暂时性的解释，并不能形成最终的定理。除此之外，建构主义理论还认为，知识只有被学习者充分理解才能够发挥真正的作用，并不是所有的知识都能够转换成为力量，这就意味着在知识传递中不能教条式地灌输知识，而是需要学习者在充分理解知识的前提下掌握知识。

（2）主体观

学生和教师作为教学活动中的主体，两者均能影响到教学的最终效果。在建构主义学习理论中认为，学生作为独立体在学习新的知识之前其必然会具有一定的自我经验，学生会对知识产生自我看法。在学习中，的确会有一些知识是学生在以往经验中从未接触的，但是学生依旧会参考其已经积累的经验来理解新的知识，进而产生假设。所以在教学活动中教师需要帮助学生完成知识的处理和转换，需要首先对学生进行了解，知晓学生是如何看待新事物之后，再对其现有理解进行解构重组。由于不同学生的认知结构是不同的，所以在交流的过程中有助于学生认知的丰富，这其中产的思想碰撞可以通过教师的科学引导进而成为学生理解新知识的重要途径。

（3）学习观

建构主义学习理论中将学习过程形象地比喻为输血和进食两种模式，所谓输血是指要将知识如同输血一样慢慢地打入到学习者的体内；所谓进食是指在学习过程中经验结构的建构就如同进食之后人的生长一样。其中建构主义学习理论认为传统认知中的学习过程属于输血模式，建构主义下的学习过程属于进食模式。由于学习本身就是新旧知识相互作用的过程，学生对于新知识的吸收是基于其原有的知识框架基础之上，这个过程并不是像是输血过程那样简单。学习是同化和顺应的统一，同化是学习者通过吸收外部知识，将其和自身原有的知识进行整合并在两者之间建立联系，使得新知识能够融入原有的知识体系中，是新旧知识整合的过程。学习者对知识进行整合时并不总是能够完全吸收新的知识，这就会导致新旧知识之间出现认知差别，最终会导致无法完成知识建构，这时就需要教师发挥引导作用，帮助学生转变错误的观念。

（4）教学观

建构主义理论认为教学活动不是单纯的灌输知识，而是要求教师敢于对学生原有的认知体系发起挑战，通过为学生创造一个全新的学习环境来帮助学生建构新的知识体系，这才是教学活动的最终目的，而这样的重建活动需要学生具有自主建构的意识和能力。基于建构主义学生理论的教学观，相关研究人员设计需要新的教学模式，包括抛锚式教学、支架式教学、随机通达教学、培养学习共同体等，这为本文所研究的区块链技术在大学会计课堂的应用起到了重要的帮助作用。

2. 深度学习理论

1976年，Ference Marton与其他学者共同发表文章称，"依据学习者获取和加工信息的方式将学习者分为深度水平加工者和浅层水平加工者"[①]。布鲁姆分类学将认知领域的学习目标分为"知道、领会、应用、分析、综合及评价"六个层次，浅层学习对应知道和领会两个层次，深度学习的认知水平则对应"应用、分析、综合、评价"这四个较高级的认知层次，不只涉及记忆，更注重知识的理解和应用[②]。国内学者提出：深度学习应当在学生理解的基础上进行批判性的学习，将他们脑海中原有的认知结构能够进行纵向关联，并把已经掌握的学习知识运用到新的情景当中，能够为解决问题提出科学的决策。深度学习由此体现出自身的独特之处，发挥出独具特色的作用和价值，如提升学生的理解能力，促进学生在课堂学习中更深入、全面地理解所学内容，在此基础上对知识实施深度加工，促进新

---

① F.Marton&k.Säljö.On Qualitative Differences in Learning——Ⅱ Outcome as a Function of theLearner's Conception of the Task[J].British Journal of Education Psychology，1976（46）：115-127.

② 张浩，深度学习的内涵及认知理论基础探析[J].中国电化教育，2012.

旧知识的完全融合，使新知识成为原有知识架构中的有机部分，实现知识体系的改进和优化，从而形成对知识体系的全新构建，提升学生的知识迁移能力。在开展课堂教学时，教师要善于调动学生的学习能动性，吸引他们主动参与课堂活动，自主探究、合作学习。课程结束后，引导学生将知识迁移到生活问题中，通过新知识解决新的问题，这一过程能培养学生的高阶思维能力，并能让学生深度理解目标内容。

在混合式学习中，教师基于互联网的优势，挖掘丰富多样的学习资源，创设多样化的教学情境。学生根据自己学习情况确定学习目标，制定适合自己的学习计划，自主地开展线上学习，主动构建新旧知识的联系。随后将在线上学习中遇到的问题拿到课堂上与老师、同学进行深入探究、讨论，将所学知识进行迁移运用，进一步培养高阶思维，这充分体现了深度学习理论的观点。

（三）混合学习模式的特点

混合式学习不是简单地混合哪些事物，而是将多种与教学有关的要素进行有机融合，以达到最优教学效果的教学模式。混合式学习模式主要有以下几个方面的特点。

1. 混合性

混合式学习包含了多种要素的混合，线上＋线下学习形式的混合，实体校园＋虚拟课堂的混合，线上＋线下学习资源的混合，异步在线＋线下同步的混合。混合式学习还结合了多种方式，包括在线观看教学视频、问题协作学习、分组讨论等，线上与线下混合，可以为学生提供多种选择的机会。各要素的有效结合，相比于其他单一的教学模式更有优势可言。但在实践的过程中需要注意，混合式学习模式不是简单地将两种要素相结合，更不能让学习者增加学习负担，教师要将线上与线下有效衔接，合理利用各种学习资源，帮助和指导学生有效开展自主学习，从而突出混合性这一特征。

2. 自主性

在传统课堂教学中，教师占据了课堂的主体地位，使得学生的学习大多是被动接受式学习，这不利于培养学生自主创新能力。混合式学习模式强调突出学生自主学习，把课堂自主权归还给学习者。学生可以随时随地开展线上学习，可以根据自己的学习风格制定适合自己的学习进度，对掌握不够的内容可以进行暂停、回放。根据在线学习的内容，发现问题，提出问题，自主选择是自己解决或是拿到课堂上，与老师、同学讨论探究、协作解决，学生的学习自主性得以充分发挥。

3. 互动性

师生之间、生生之间在线上和线下注重交流和互动，两者借助网络平台实现跨时空的学习互动，在教师与学生的沟通中促进知识的理解与转化。混合式学习不似传统教学强调教师讲、学生听，而是充分借助在线学习平台和线下课堂，构建虚拟互动和面对面交流两种互动学习方式，促使师生平等互动交流，在讨论中实现深度学习。在线上学习中，师生基于微信、QQ群等交流平台，在线实时互动，教师发挥着主导作用，表扬积极提问和互动的学生，鼓励不爱发言的同学，针对学生形成个性化辅导，从而实现因材施教。在线下课堂教学中，学生与学生之间开展团队交流、协作学习、深度学习，通过线上线下有效衔接，形成线上与线下深度学习的良性循环。在这种新型教学模式指导下，学生真正成为课堂学习的主体，教师转变自身角色，积极发挥课堂主导作用。通过传统教学和在线教学的有机结合，从而实现"1+1>2"的效果。

二、英语教学混合式学习模式开展的必要性

（一）传统教学模式的弊端

通过课堂观察得出，传统英语课堂教学存在以下三种问题：

第一，学生在英语课堂学习效率不高，英语成绩不理想。课堂教学中听力教学时间较短，学生没听清不能反复听，不能根据个人的进度进行学习；词汇教学讲解快，教师一带而过，学生记不住单词和词组，语法教学中主要以教师讲授为主，所以只有学生课前做好充分预习才能顺利展开教学。由于学生在英语课堂学习效率不高，所以导致英语成绩较低。

第二，学生对英语课程的学习缺乏自主性。课堂教学中多是采用多媒体电子白板和黑板进行授课内容的呈现；课程内容以教师的讲授为主，教师将所讲授内容制作成课件进行展示，学生大多在老师的引导下听读抄写课件内容，通常都是被动的对知识进行接受，课下只是机械地完成老师布置的作业，所以在此过程中很难形成自主学习的意识。

第三，传统的教学课堂有时长限制，所以一般教师为了尽可能多地给学生传授知识，会缩短和学生的互动的时间，一般就是老师讲，学生听。虽然会在有的时候让一些学生回答问题，但是毕竟数量甚少，老师也只能听取个别学生的意见，剩下的学生没有机会表达自己，所以不利于因材施教，有的时候让学生一起回答

某个问题,避免不了会有学生浑水摸鱼,老师就错过了发现学生问题的机会。这种传统课堂整体的氛围比较沉闷,学生就会失去听讲的兴趣,整体课程下来,学生的满意度并不高,需要新的学习模式。

(二)实施混合学习模式的优势

混合学习模式主要是将面对面的课堂教学和网络在线辅助学习加以有效结合,充分发挥教师的课堂主导作用和学生的自主学习能力。加上网络资源实时、高效的特点,极大地满足了学生和教师对各种信息的需求,这能有效解决目前英语课堂教学管理中的诸多问题,提高英语课堂教学管理的效果。

第一,有利于创设较为真实英语语言环境。众所周知,语言学习的最佳途径就是能够在随时随地的实际应用中去掌握它。而我们在现实的学习生活中是缺少这样一种语言学习环境。所以说,在混合学习模式下,教师能够利用网络资源为学生创设较为真实的英语语言学习环境,为学生提供一种仿真的语言学习交流情境,使他们能够最大限度地综合运用各种教学资源。创造性地学习和运用各种语言知识,提高学生学习英语的兴趣,进而改善课堂教学环境管理的效果。

第二,有利于课堂教学时间的合理利用。在混合学习模式下,面授次数的适当减少将有助于学生进行及时的自我反思,减少学生对课堂教学中教师授课的依赖性。通过网络在线的师生互动,既节省了课堂教学时间,又能提高学生参与课堂活动的积极性。从而全面提高英语课堂教学效果。

第三,有利于学生进行个性化学习,使课堂教学管理有序进行。传统的课堂教学中,教师会根据学生的整体特征选择一种普适性的教学模式。而这样往往很难照顾到每个学生的学习兴趣和实际接受情况,因此很难实现个性化教学。而在混合学习模式中,学生可以根据自己的学习经验和实际需要选择适合自己的学习方式,并通过对所学知识进行及时反思与巩固,构建属于自己的知识体系。这样每个学生在课堂中都能够进行自主学习,课堂教学管理自然井然有序。

第四,交流反馈更加及时便利化。在传统的课堂教学过程中,学生在课堂上独立思考和相互交流的机会不多。有些学生还可能因为性格原因,不愿畅所欲言。而在混合学习模式下,学生有了更多的学习和交流的机会,平时在课堂上不愿举手发言的同学,可以在课程聊天室和网上论坛上与老师和同学进行讨论,得到教师的及时反馈和个别辅导。

三、混合式学习模式下的英语写作教学建议

（一）对于教师而言

1. 转变教师角色

语言学习的过程是一个师生互动的过程，因此教师不仅是传授者，也是指导者，更是参与者。教师应通过亲身实践和借助网络技术更新教学模式，尽量打破时间和地点对教学的限制，使教学向现代化方向发展。教师要不断提升自己，更应该掌握教育信息技术。互联网辅助下的英语写作教学要求教师具备一定的将信息技术恰当地融入英语写作教学的能力。只有这样，才能灵活引导学生在微博上写作。为了达到这一标准，教师应不断提高自身素质，树立终身学习的意识。

2. 合理制定教学计划、策略

对于教师而言，应合理安排线上和线下的教学，确保学生利用网络学习的时间，提高学习效率。在混合学习模式下，在线学习资源大大提高了英语写作课堂教学的有效性。网上学习内容太多或太难，都会让学生感到困惑和厌倦，逐渐抗拒网上学习，这违背了混合学习模式的初衷。因此，教师要制定周密的教学计划，安排合适的学习内容。同时，教师也应结合学习者特点、学科的具体内容和微博平台的特点，采取相应的教学策略。不同的策略并不是完全没有交集，它们都有自己的侧重点。

3. 兼顾线上平台和课堂教学优势

互联网平台是写作教学的课堂延续，起到了优化课堂的作用。但是教学还是应该抓住重点，这个重点就是课堂教学，如果教学内容安排得太花哨、太复杂，必然会分散学生的注意力，加大教师的工作量，也不利于学生对知识的吸收。教师的作用和地位是网络教学系统不能代替的，正如在线学习也代替不了课堂教学，教师对课堂教学的组织是关键。在实施微博辅助教学的过程中，教师还应及时根据教学内容进行讲解，考核学生对语言知识、语用技能和交际技巧的掌握情况。

4. 合理安排微博内容

由于学生对互联网辅助学习写作认可并感兴趣，比如说微博写作。学生认为微博比其他网站资源更灵活有趣，所以微博内容设计的基本思路和核心原则应该是实用性优先，内容要简洁、准确。另一个重要的方面是微博上的内容需要适当和有效地分类。微博每天可以发布各种主题的英语写作内容，学生的注意力很容易被其他有趣的新闻或信息所分散，这是很自然的，但与英语相关的微博却无法紧跟潮流，因而将其主要任务转移到了一些无用的东西上，这需要学生的自我监

督和控制能力。微博内容可以是一些有趣的英语知识，如误用词汇或误解习语和俚语等。这样既能吸引学生的眼睛和耳朵，又能促进学生的学习。

（二）对学生而言

1. 合理利用网络平台

首先作为混合学习模式的主体，学生要正确处理网络信息与知识，在面对海量资源时及时筛选出适合自己的材料。其次学会合理分配学习时间，虽然学生线上的时间是自由的，但还应利用时间资源分配的策略避免自己沉迷网络。主动配合小组协作，积极参与到线上讨论和课堂活动中，正确对待混合学习模式，在教师的指导下真正发挥混合学习模式的优势。

2. 转变学习态度，增强主动意识

应试教育对中国教育的影响颇深，导致目前大部分学生的英语学习动机是为了应对各种考试。除了教师转变角色和教学方式外，学生更应发挥主观能动性，配合混合学习模式在英语写作教学中的实施。学习者应意识到英语学习的本质是语言的交流，而不是简单的分数，英语写作是语言交流的中介。并逐渐转变自己的学习动机。语言学习是持续的、终身的，而不是暂时的、随意的，所以学生应对英语写作的学习抱有信心，不要轻易放弃，改变学习态度，尝试对其产生兴趣。

3. 增强合作意识

在互联网平台上教师和学生可以随意共享资源、交流合作，这些资源不仅限于一个平台上的资源，学习者在任何地方发现的资源都可以与团队共享，这样不仅增进团队交流，更能提升自己鉴别各类信息的能力。学生还可以以发表个人微博的形式进行分享，让大家积极地参与到教学中，形成趣味性的生生、师生交流学习。

4. 英语写作生活化

学生应该认识到互联网辅助下的英语写作教学可以将生活中零碎的时间和资源进行整合，并且让生活中的实际情况变成互联网中的文章，让学习变得更加轻松、自然，提升自己的英语写作学者兴趣。

第二节 抛锚式教学模式在高校英语写作教学中的应用

一、抛锚式教学概述

（一）抛锚式教学模式的概念

抛锚式教学的定义来自范德比尔特大学（Vanderbilt）认知技术小组（CTGV）负责人约翰·布兰斯福德（John Bransford）。他把抛锚式教学从一个概念发展成一个真正的教学模式。他认为，教学的目的是使学生通过主动学习、合作学习和生产性学习，在已完成的情境和真实的问题中发展学习需求，而其他学习共同体成员则共同经历确定和实现目标的过程。在抛锚式教学模式中，学生获得了运用知识解决实际问题的机会，他们有机会学会如何运用知识以及何时运用知识。抛锚式教学模式的主要目的之一是创造一个帮助学生克服惰性知识的学习环境。更重要的是，学生能够在固定课堂中与同伴和老师合作学习，将协作学习融入教学中，调动学习者的学习积极性，提高学习能力。他们对学习的兴趣鼓励他们积极学习并提高他们的语言能力和读写能力。

何克抗在1997年对"抛锚式教学法"进行了介绍，我国学者对抛锚式教学模式的研究由此正式开始。与实际生活相关联的真实事件或问题在抛锚式教学中被认为是学生能否学好知识的基础，贯穿整个教学过程，对整个教学过程的意义是非常重要的。确定这类真实事件或问题被比喻为"抛锚"，因为教学始终围绕着"锚"展开，"锚"得到确定意味着整个教学过程都得到确定，犹如船被抛锚固定。抛锚式教学中的"锚"是在现实情境中产生的。它包含两个方面：一是技术。抛锚式教学强调技术在课堂上的应用。另一个是宏观环境。它包含可以吸引学生的兴趣的一个故事、一个风景或一个场景。学生的兴趣是学生能否主动学习的关键，在抛锚式教学模式的真实完整的情境中学生的兴趣会被激发，有助于学生学习知识。这是一个生生之间、师生之间通过互动、交流、合作学习的过程，学生结合自己的主动学习的需要，亲身体验和认识并实现目标。由此可见，抛锚式教学模式是让学生适应日常生活，学会独立发现问题，提出问题，解决问题的一种非常有效的教学模式。

（二）抛锚式教学模式的原则

抛锚式教学模型的设计原则源自是基于Gibson（吉布森）的启示论。该理论揭示了有机体与其环境之间的一种相互关系。Gibson认为，动物缺乏对物体细节的观察，但它们可以在心理上计算出集体效应，从而获得其在环境中的潜在作用。在这些关于动物如何感知周围环境的研究中，Gibson 提出环境的可承受性是指环境为动物所提供的，不管是好是坏。Gibson 认为不同的环境特征可以为不同的特殊学习者提供不同的活动。同样，也可以为学生提供不同的学习热情，教材和教学内容。因此，教学在为学生提供真实情境的同时还要引导学生通过对所学知识的理解去明确学习目标，学会解决实际问题。由于受 Gibson 的启示论的深刻影响，有学者认为抛锚式教学模式也有其独特的特点，具体包括以下四个原则。

第一，教学设计要真实。在教学中，教师要尽一切努力为学生创造贴近实际生活的真实情境。在这种情境下产生的任务也具有真实性，学生可以通过这类任务联系生活实际，进一步理解生活中的实际问题，从而激发学习动机。实际的教学设置体现在三个方面：（1）教学内容。教学内容必须与社会生活紧密联系，而不是仅仅贴近教材和教学内容。（2）教学形式。教学中采取的各种形式必须与生活情境相联系，帮助学生对日常生活进行思考。（3）教学过程。整个过程必须有利于学生的成长。学生通过学习形成正确的价值观，用理性的思维规划自身的发展。

第二，教师和学生相互帮助。抛锚式教学模式重视学生的主体地位，因此在教学过程中，教师的角色发生了很大的变化。教师不再忙于写教学计划做课堂的主人，他们在教学活动中的角色变得更加灵活。因为每个人都不可能永远是专家或权威，所以教师也开始学习成为知识的探索者。所以，学生摆脱了倾听者和受训者的角色，成了老师的伙伴。课堂更像是一场探险，教师和学生有一个共同目标，为完成目标他们会互相学习，互相帮助。

第三，教学过程要灵活。教学过程的灵活性主要表现在教学目标多元化。在教学过程中，学生往往会有各种各样与教学内容可能无关的意见或想法。然而，教师不应该盲目地忽略学生的这些意见，而应该采取包容兼容的原则。此外，教学信息的灵活性。抛锚式教学模式允许学生找到他们需要的信息。虽然不是所有的信息都是老师必须掌握的，但是所有的这些信息可能对学生发展的其他方面有帮助，所以教师不应该阻止学生接受信息。此外，教师还应注重教学结果的灵活性。不同的学生探索知识后会有不同的结果，由于学生智力的多样性，教师应该学会珍惜和欣赏学生，而不仅仅是评价学生的学习成绩。

第四，教学评价应因地制宜。教学评价的本质是教师应该客观地把握学生在教学活动中所发生的情况，使教学效果得到最大限度的提高。此外，教学评价是对整个教育教学过程的评价，而不是对教学成果的评价。抛锚式教学模式的教学评价不同于传统的教学评价。传统的教学的评价不重视对教学过程的评价，更倾向于关注个人所取得的成果。抛锚式教学模式的评价与其恰恰相反，强调不同情况下的评价应有所不同。所以，并不赞成教师在教学活动中进行片面的评价，也不建议教师只是客观地给学生评分。教师的评价应该能激发学生在教学活动中的积极性，及时发现学生存在的问题，学生也能在教学过程中获得更多的知识。

（三）抛锚式教学模式的特点

抛锚式教学模式作为一种正在发展中的教学模式，主要有以下几个方面的特点：

1. 真实性

以"锚"为基础创设一个真实的教学环境，是抛锚式教学建立的前提和关键，同时，也是这一模式最大的特色。由于教学情境的真实存在，使得学生能够较容易理解情境中的问题，通过思考和解决相关问题，实现知识迁移，大大提高学生在生活中发现并解决类似问题的能力。

2. 互助性

区别于传统教学模式，抛锚式教学模式能够很好地体现教师与学生在整个教学过程中的互助性，这个互助性体现在两方面：一方面是生生之间的互助性，真实教学情境具有复杂性，在有限的教学时间里，要解"锚"，必须依靠学生之间的彼此合作。另一方面就是师生间的互助性，教师"锚定"问题，抛给学生，学生在学习的过程中也会产生一些新的问题、新的思考，再反馈给教师，这不仅可以促进教师对初始"锚"的调整，还可以帮助教师对之后类似教学内容的"锚"进行优化升级。

3. 无序性

一般而言，传统教学课堂的"有序性"表现为：教师处于主导地位，一个教学目标、一套教学计划面向所有同学，都是被动地接受教师预先设定好的教学体系，体现不出学生的主体性。而抛锚式教学模式主张的"无序性"则更加强调教学过程的灵活性。具体来说，这里的"无序"有以下三层意思：一是教学目标的相对开放性。就是以教育部下发的课程标准为总纲领，通过对学生学习的不同结果来衡量教学目标的达成度，而对于某些非原则性教学目标偏离的情况，抛锚式教学模式是持宽容甚至鼓励的态度。二是教学信息的不确定性。学生根据教学情境中，老师"锚定"的问题自己查找可以解决问题的信息，在这个过程中学生会接触很多信息，既可以培养学生甄别有用信息的能力，也可以使学生了解更多的相关信息。三是教学结果及评价的弹性。抛锚式教学模式主张尊重学生的个体差异性，在学习内容、学习步骤相统一的情况下，鼓励学生个性化、多元化发展。由于每个人的学习经验、学习能力等各方面的学情不一样，抛锚式教学模式主张评价做到弹性、多元性以及综合性相统一。

二、抛锚式教学模式的理论基础

（一）人本主义教学理论

人本主义教育理论主要包括人本主义的教育目的观、学习观、教学观、课程观、师生观和评价观等。

关于人本主义教育目的观，有观点认为教育的根本目的就是促进人的自我实现，是促进人的丰满人性的形成，是帮助人达到人所能达到的最高度的发展。他认为教育可以促进学生认知的发展、潜能的发挥以及人格的健全。另一种观点则认为人的自我实现是充分发挥其作用，他认为真正的教育是促进学生个人潜力的发挥，促使学生成为一个有个性、有创造性的，能够充分发挥其作用的人。人本主义认为教育目的不仅仅是传授知识，更是培养学习者的个性、能力与价值感，激发学生潜能、培养学生人格，最终成为一个自我实现的人。

关于人本主义学习观，以罗杰斯为代表的教育家认为学生的学习分为两种，分别是有意义学习与无意义学习。有意义学习是指学生学习感兴趣的，且能促进学生个性发展、能力提高、价值观改进的教学内容。有意义学习包括四个特点，即学生自主发起、全身心投入、能促进学生全面发展以及属于自我评价。无意义学习是指学生并不感兴趣的且学习内容对学生没有帮助并很容易遗忘的学习。人本主义学习观认为，只要创设合理的条件，每个人都能主动学习，充分发挥自己的潜能，促进自身全面发展。

关于人本主义教学观，人本主义教学观认为传统的教师负责讲知识点，学生负责听与记知识点的教学模式，这并不能充分调动学生的主动性，从长远看不利于学生的全面发展。教学应该从意义教学出发，在教学过程中减少一些命令性的教学指示，以引导与启发为主，让学生自主发现并吸收掌握新的知识点。教师的主要任务是在课堂上提供适当的教学资源，让学生自主选择学习方式，营造良好的学习氛围。教师在教学中应该做到以下几点：（1）教师根据教学目标提供学习资源，创设贴近学生实际的教学情境，鼓励学生主动探究新知；（2）学生根据学习目标制定学习计划，依据自身学习特点选择学习方式；（3）师生共同制定学习方案;(4)教师在教学中充分激发学生兴趣并创设自由的学习氛围;(5)学习评价由学生自己进行,师生共同给予反馈。

关于人本主义课程观,人本主义认为课程的设置应该首先考虑教学过程中需要传递什么,教学内容不应只注重知识与技能,而应该关注学生本身的发展,注重教学内容与学生生活经验、心理特点相结合,注重解决与学生有密切关系的问题并创设具体的情境,让学生认知与情感都能在学习过程中得到提高。

关于人本主义师生观,人本主义教育家认为教师应该把学生当作有独立思想与独立思维的个体,教师在教学过程中不能仅进行知识与技能的训练,而应该结合学生实际情况,创设具体情境,激发学生兴趣,引导学生主动参与到课堂教学活动中。在课堂教学中,教师需要充分尊重与关爱学生,建立民主与平等的师生关系,充分满足学生被爱的需要,站在学生的角度设计教学过程,创设积极、愉快的教学氛围,促进学生个性化与全面化发展。

关于人本主义评价观,人本主义教育学者认为对学生的评价不能只看考试成绩,考试成绩只能反映学生这一时期的知识与技能状况,并不能反映学生学习心态、情感状态等,如果评价方法只看成绩,容易导致学生过度追求高分,忽视其他方面的提高,甚至造成学生学习压力过大,出现厌学情绪。人本主义评价观提倡从发展的角度评价学生的成长,不能以偏概全,在评价方法上应该以学生的自我评价为主,引导学生通过自我评价发现自身问题,主动寻求解决自身问题的办法。同时教师与其他同学也可以对学生的自我评价进行反馈,做到自律与他律的统一。

(二)情境认知理论

情境认知理论在文学、教育学、心理学、设计等领域有着广泛的应用,情境概念最先提出于心理学领域,心理学将情境划分为心理、客观两种,前者是指人的心理状态,后者是指客观存在会影响人的心理。根据情境概念,一切事物都是由情境构成的,情境是符合人的认知逻辑并具有表征和时间发展的故事。

与认知科学早期的笛卡尔主义二元论相悖,情境认知的观点是反主客二分法的,反对将认知视为个人的内在活动或概括为抽象符号表征,有别于这些曾占据主流的理论假设,情境认识观点认为,人的认知活动是无法脱离社会的、分布式的、非普遍性和象征性的、具有动态性的。情境认知观点强调身体和情境,从其理论来看,属于认知科学中涉身认知理论范式。当前涉身认知可分为三种研究观点,包括具身认知(认知与身体)、延展认知(认知延展存在于情境中)、情境认知（认知依赖情境，情境嵌入认知过程）。情境认知理论不仅关注对人的意识和思维的认识，而且还关注对文化和物质背景的认知，在场景中才会有用户行为产生，脱离了具体的情境讨论用户行为具有符号化的风险，所以情境认知既包括对人的内部情境的认知，也包括对环境、文化等外部情境的认知。情境认知是人对其所处情境中的信息进行感知—理解—预测，是在人的认知内进行的过程。情境认知理论在设备中的直接应用有赖于情境感知技术。情境感知最初由 Bill Schilit 提出，多应用于计算机领域，利用技术对情境信息进行感知—理解—预测，是指设备通过传感器和其他技术手段，由设备（产品）主动发起对情境信息变化的获取并反馈相应的信息和服务。情境感知使得设备能够模拟情境认知，主动理解人与情境发生交互时，人的肢体、动作、语言等在具体环境下的语义差异和不同的目的，为预测当前及将来的交互行为提供基础，这种应用将用户的精神文化需求及功能需求相结合，在动态的、时空交错的环境中，主动提供更恰当更智能的服务。

情境认知理论作为一种的理论，与实践相结合产生了很多教学模式。

认知学徒制强调真实情境对于问题表征和思维发展的意义。该模式吸收了传统学徒制的优势，将现实生活中的真实任务和问题引入课堂教学，目前已衍生出学历教育与职业教育相结合的认知学徒制、合作教育认知学徒制、技术准备的"2+2项目"课程和远程学徒教学模式等富有活力的教学模式。认知学徒制的目标在于培养学生的问题解决能力和高级思维方式，主张教师要引导学生在真实的实践活动中学习，鼓励学生在复杂的任务中积极进行探索和思考，发掘知识的丰富内涵和实用价值，把学生和复杂的现实世界联系起来。

我国李吉林老师提出的小学语文情境教学模式，是富有中国特色的教学模式。她吸收了"意境说"、美学、心理学和脑科学等理论，从美与情、情与思、情与理、情与认知、情与全面发展的辩证关系出发，以情感与认知相结合为核心理念，以真、美、情、思为核心元素，以学、思、行、冶为学习范式，以图画再现情境、以音乐渲染情境、以表演体会情境、以语言描绘情景、以生活展现情境和以实物演示情境六条教学途径，建立了完整的"情境教学—情境教育—情境课程"的理论框架和操作体系。

最后就是抛锚式教学，抛锚式教学是一种以问题为中心的教学模式，范德堡大学开发的贾斯珀系列是对这一模式的最早实践。抛锚式教学以"锚"为中心，指具有感染力的一系列真实事件或真实问题，其作用在于引起学生的学习需求。在抛锚式教学中，教师通过创设真实的教学情境，引入真实的事件或问题，使学生产生好奇心和求知欲，进而引导学生在主动学习和合作探究中解决问题。教师在这一过程中要适时地为学生提供脚手架或进行镶嵌式教学，针对学生的表现及时地给予有效的反馈信息，帮助学生顺利地提出问题、分析问题并解决问题。

三、抛锚式教学模式的教育价值特征

（一）以"生本理念"作为教学的主线

就理论基础而言，"生本理念"贯穿抛锚式教学模式的始终，从建构主义学习理论主张的意义建构，到人本主义学习理论强调的"以学生为中心"，再到最近发展区理论，都在凸显一个主体——学生，这个"学生"不是被成绩就定义的学生，而是完整意义上的、全面的、动态发展中的学生。

就教学模式本身而言，抛锚式教学模式的主线也是学生。以教学目标为例，抛锚式教学模式发挥作用的点有三个：首先，抛锚式教学模式的"锚"的设定以学情为基础，以"宏环境"为依托创设的教学情境，这样做的目的是能够拉近学生与知识本身的距离，而不是机械式地、直接被迫接受式地开始教学。其次，"解锚"的过程也突出了抛锚式教学模式注重过程的完成与方法的掌握，这表明知识不是教师"灌输"，而是学生主动习得。最后，整个抛锚式教学模式完成的过程也是学生情感、态度、价值观的确立的过程。在教学实施过程上，"锚"的设置贴合最近发展区，防止情境简单化，以"组内异质，组间同质"的分组原则，完成分组并进行小组讨论，自主学习；在总结与反馈中，着眼于每一个学生的发展，包括总体的发展，也包括其本身在原有基础上的发展。总的来说，抛锚式教学模式追求的是学生对知识的把握，更是学生价值观念、独立自主、合作创新等综合素质协调发展。

（二）以情境作为意义建构的环境

在很早以前，从孔子孟子的教育理念就可以感受到教学情境的含义与意义；"孟母三迁"、陶行知先生的"生活即教育"等都体现着环境的重要性。因此，关于情境尤其是教学情境的论述，不同的学者有不同的看法与见解，因而对其定义也不同。总的来说，普遍认同的就是：情境就是在教学中教师根据学生的心理环境特点，利用一些音频、视频等硬件条件营造出来的，能够对教学效果起积极意义的一种氛围。顾名思义，在这个情境中我们要把握以下几点：第一，情境教学在教学中的指导性意义大于方法性意义；第二，情境教学的出发点是服务于教学，换言之，情境教学的作用对象是学生，要站在学生的角度去创设情境；第三，情境创设的要求要符合学生的心理发展规律，如就高中生的心理发展特点来说已经接近成人，情境素材不能再选一些偏"幼稚"的，应该更加注重"时事"和"事实"。第四，情境创设的目的一定是能够增润课堂实效的，如调动学生学习动机和兴趣，增加学习主动性，对课堂的教学效果起积极促进用。

抛锚式教学模式的情境创设的要求是高于情境创设本身的要求的，不仅要满足一般情境创设的要求，还要求其真实性，这个真实性作者认为有两方面内涵：既包括情境素材的真实性，也包括情境效果的真实性。也正是这种真实性保证了抛锚式教学模式对学生的核心作用——意义建构。因此，教学情境与意义建构都是抛锚式教学模式的教育价值体现，以真实情境导入，就是为了"高仿"学生能够获得"直接经验"的环境，从而完成主动意义建构。

（三）以各种资源支撑教学

抛锚式教学模式主张学生自主完成知识的意义建构，为了达到这一目的，学生需要大量资源来支撑"学"。首先是教师提供的资源。从最初的"锚"的设计到情境创设，需要大量资源共同作用，形成合力，才能支撑教师的"教"和学生的"学"，这些资源包括多媒体等硬件资源以及音频、图片等软件资源。其次是学生自己搜集的资源——信息。根据抛锚式教学模式的"无序性"特点，要求学生根据"锚"自己去搜集整理解"锚"的资料，而在搜集资料的过程中学生必然会接触很多相关信息，这些信息对学生的作用表现在两个方面：第一，可以提高学生对有用信息的甄选能力；第二，对于无关解决"锚"的信息并非无用，这些信息或是资源可以丰富学生的知识层面，为解决日后遇到的问题提供强大的知识储备。这就是抛锚式教学模式"教"与"学"的资源支撑。

（四）突出程序性知识的学习

各种信息和资源的支撑可以让教学中"教学相长"的功效发挥大最大化，而教学的核心是学生的习得。抛锚式教学模式强调程序性知识的习得，即着重强调"为什么"和"怎么样"，关于程序性知识的学习，我们的要求是不仅要理解概念、规则和原理，还要掌握解决问题的技能、方法以及策略并获得情感体验。那抛锚式教学模式是如何促使学生完成程序性知识的学习的呢？首先，当教师将"锚"抛给学生时，关于"锚"的概念、规则以及原理是学生可以在搜集整理资料的过程中已经独自解决的。其次，掌握解决问题的技能、方法以及策略，这个过程就涉及抛锚式教学模式很重要的一个环节，即小组讨论——合作学习。为什么需要合作学习？正如上文所说，有两个原因：第一，我们的"锚"是根据最近发展区提出来的，是介于学生已有水平与经过教师点拨或通过同伴合作学习可以解决之间的；第二，课堂时间有限。通过小组讨论，合作学习，可以帮助学生借助同辈群体的力量掌握解决问题的技能与方法，形成策略。最后，第二个步骤完成的过程就是学生获得程序性知识的最终步骤——情感体验。

四、抛锚式教学模式在英语写作教学上的实施步骤

抛锚式教学的主要教学目的是帮助学生提高学习兴趣。通过嵌入式教学、协作学习和自主学习，学生可以体验从发现问题到解决问题的全过程。一旦在实际情况中确定了一个问题，整个教学内容的过程就确定了。相关学者在国内外关于抛锚式教学研究的基础上，进一步研究了抛锚式教学的目标，总结了抛锚式教学的教学原则和应用抛锚式教学的方法，提出了抛锚式教学的五个步骤：

（一）创设情境

创设实际情境是抛锚式教学模式的重要组成部分。在写作教学中，创设情境可以为学生建立与实际生活相连的情境，使学生在真实情景中找出有用信息，决定作文主题。抛锚式教学使学习者在实际情境中学习，整个学习过程比传统的课堂教学更自然。学生能否与学习情境互动是一个重要的因素。通过互动，学生可以积极参与课堂讨论，获取知识，完成知识转移。在抛锚式教学模式指导下的英语写作教学中，教师根据"锚"帮助学生决定作文的主题，识别有用的信息，选择合适的写作策略。

（二）识别问题

学生选择与当前学习主题相关的真实事件或问题作为学习的核心。事件或问题是"锚"，直接的影响是"抛锚"，所以问题的设计是非常关键的。问题可以是一个大的主题，也可以是围绕一个主题的一系列问题。识别问题可以帮助学生确定"锚"，学生后续的写作都教将围绕"锚"进行，而不再是随意进行，这样避免了学生因盲目而产生的厌学心理，也使得学生在整个写作过程更有方向感，知道自己每一步该做什么。类似的自主学习可以培养学生的自主学习能力，学生独自完成作文后，也会对之后的学习更有自信心。在写作教学中，识别问题的过程是学生思考作文内容的过程。学生将通过相关问题了解他们的作文内容。教师应

给学生足够的时间构思作文，必要时给予学生帮助。一旦发现问题，学生将设计他们的作文框架，这对教师和学生进行下一阶段的学习是十分必要和重要的。

（三）自主学习

教师或教材的作用是帮助学习者处理信息使之成为独立的学习者。自主学习是一种与传统的接受学习相反的现代学习方式。它以学生为主体，学生通过自己的分析、探索、实践、查询和创造来获得知识。在英语写作课堂中，一旦学生认同这种教学模式，他们的学习热情就会被激发。学生们发现问题后，会独自花一些时间来写作文。当学生写初稿时，他们需要知道作文需要什么内容，能够组织文章结构。因此，学生通过自己的理解去学会解决问题，而不是被动地、不加思考地直接学习现有的解决问题的方法。在写作教学中，学生初稿写完后，要进行自我评价。教师应该改正他们作文中明显的错误，他们就能意识到自己不足。教师在这一步的作用是帮助学生成为一个独立的学习者。

（四）合作学习

抛锚式教学模式强调创造一个有益的合作学习环境。当提出的问题比较复杂，单独解决比较困难时，学生最好与合作伙伴一起解决。合作学习有利于学生与合作伙伴一起表达自己的观点。在英语写作课上，不同的学生对一个问题有不同的看法和局限性，这个问题可以通过互动协作来解决。当学生独立完成写作和修改初稿时，教师应将学生分成几个小组，组织学生展示作文并与同一小组的学生进行讨论。每个人都可以表达自己的看法，修改错误的句子。他们可以修改错误的单词和语法，也可以在适当的地方删除和添加一些好的句子。多数学生喜欢和同学讨论他们的作文，他们可以和同学分享他们的想法，他们觉得写作变得轻松愉快，进而提高了写作的信心。此外，学生也可以通过与其他同学的讨论提高日常生活中的沟通能力。

（五）有效评估

抛锚式教学模式对学生的评价与传统教学方式对学生的评价不同，并不需要进行测试给学生评分，这种模式更注重学生在教学过程中的表现，教师将这些表现观察记录，通过这些表现反映学生的学习效果。在英语写作课上，教师可以通过观察学生的学习行为和态度来评价学生的学习效果，教师也可以借此提高教学质量。在使用这种方法学习的过程中，学生可以体验自我评价和同学间的评价。通过自我评价，学生认识到自己在英语写作中的不足和应该改进的地方。通过同学间的评价，学生可以了解到其他学生在作文中容易出错的地方，在自己的作文中避免这种错误。

第三节 对分课堂教学模式在高校英语写作教学中的应用

一、对分课堂教学模式概述

（一）对分课堂的概念界定及发展

对分课堂是张学新在经过长达五年的酝酿研究之后，总结了当前高校固有的一系列问题而提出的新式教学。他把传统课堂和讨论式课堂的优越之处糅合在一起，把课堂的时间均匀分割给师生，系统科学地对各个教学环节作了详细设计，于 2014 年在复旦大学尝试并取得了成功。他的想法也很超前，强调"不以成败论学生"，由于各学生有自我思考的能力，所以学生对答案的回答正确与否都不是考虑的因素，而是学生要有敢于思考的能力。对分课堂的根本理念是将课堂时间一分为二，把老师的"讲"和学生的"学"的时间分隔开来，这样能够保障学生的内化吸收的效果达到最好，其实质是在讲授和讨论之间引入一个心理学的内化环节，让学生对讲授内容进行吸收之后，有备而来参与讨论。对分课堂强调先教后学，也就是将"讲授"安排在前，将"学习"安排在后，与"讨论式课堂"有相近的地方，在强调师生之间有效互动的基础上，突出了学生之间"交互式学习"的重要性以及学生的自主学习。对分课堂将教学分成在时间上清晰分离的三个过程：讲授（Presentation）、内化吸收（Assimilation）和讨论（Discussion），因此，对分课堂也称为 PAD 课堂。对分课堂分为隔堂、当堂及隔堂当堂融合对分三种方式。

下图是隔堂讨论模式的基本框架（图 4-3-1）：

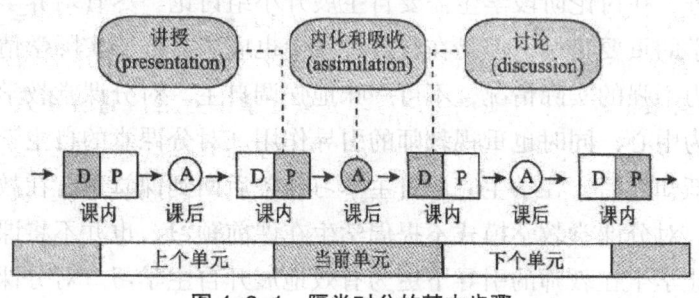

图 4-3-1 隔堂对分的基本步骤

首先，教师将本节课的重点知识及学习范围给学生进行介绍，指出重难点。其次，教师给学生留够时间让学生通过课后自主学习，进行个体化的吸收，在学生内化吸收过程中，要求学生独立完成作业"亮考帮"。"亮考帮"包含三个部分"亮闪闪""考考你"和"帮帮我"，其最大的亮点在于"考考你"中学生自己弄懂了，把困顿的难点提问出来，在"帮帮我"中也是把自己不懂的地方用提问题的形式向全班其他人提问出来，把自己感到疑惑的地方以问题的方式向同学们提出来，学生们进行研讨，教师只作为提点者，极大优化了课堂目的。最后是讨论。学生根据实际英语水平和能力被分为不同小组，他们需要根据自己内化的结果进行讨论，然后在班级进行展示讨论后的结果。对分课堂的隔堂讨论新颖之处是第二节课对第一节课遗留的问题进行讨论，由于写作教学所占课堂比例比较低，因此，通常采用的是教师讲授与学生讨论发生在同一堂课上的对分模式来进行英语写作教学。

对分课堂的初衷是改善大学课堂存在的一系列问题，但从2014年9月推广开始，短短数月，已被不同层次、不同科目的教师应用于日常教学中，覆盖了数以万计的学生。2014年10月，张学新发表了关于对分课堂的论文，2015年1月经《人大复印资料》整篇转载。2015年秋季，在西北地区的首试是甘肃的一些中学老师将这一模式用在各自教学中，初步取得成功，因此，在2015年11月这一模式被纳入甘肃中小学"国培"当中。与此同时，教育部组织了关于对分课堂讲座的线上直播，来自全国各地的1500位教师听取了讲座内容。在中小学课堂试用过程中，起初教师还对该模式会不会影响学生成绩而顾虑，但结果表明，学生成绩均有很大提高。有教师在国外课堂中使用了对分教学，也受到学生广泛喜爱。

（二）对分课堂教学模式的特点

1. 渐进自主

对分课堂教学模式注重培养学生的自主学习能力，在内化吸收阶段学生需要自主完成任务，在讨论阶段学生需要自主展开小组讨论。尽管培养学生的自主学习能力是教学的重要目标，但是在教育过程中也应当着眼于实际学情，了解学生自主学习能力不强的实际情况，不可一味地强调自主。对分课堂教学模式倡导教学要以学生为中心，同时也重视教师的引导作用。对分课堂的自主学习阶段安排在教师讲授新知之后，在学生完成自主学习任务后回到课堂里，在教师引导下展开课堂讨论。对分课堂教学模式不提倡学生在课前预习，也并不将课堂完全交给学生，而是让学生在教师的引导下更为有效地展开自主学习。对分课堂对学生自主学习能力的培养是渐进式的。

2. 权责对分

权责对分是对分课堂的核心理念，指教育的权利和责任由教师与学生共同来承担。传统教学中，将教育教学看作是教师的责任，教学由教师掌控。对分课堂中，教师和学生共同拥有课堂的控制权。对分课堂教学模式将课堂时间一分为二，一半交由教师讲授，一半交由学生讨论，随之而来的是教师和学生在这两个阶段中分别享有课堂的控制权。教师在讲授阶段对教学内容和教学流程进行设计和安排，确保知识的有效传递。学生在讨论阶段自由展开小组交流，发表个人观点。对分课堂不是简单地以学生或者以教师为中心的课堂，而是由教师和学生共同控制的课堂。与此同时，教育的责任也由师生共同承担。学习者要自己承担责任，在完成自主学习任务的过程中通过自我努力解决困难，并且总结学习中的收获和难点，在课堂上进行反馈。

3. 高效讨论

对分课堂的讨论环节与传统的讨论有明显的区别，重点表现为讨论的延时性和高效率。对分课堂的讨论安排在内化吸收之后，学生自主完成学习任务并对自己的学习情况进行总结，将学习中的收获和困难都记录下来，有备而来地参与课堂讨论交流。这种延时讨论的模式，能使学生在讨论时有话可说，从而提高学生讨论的积极性。由于学生在课前已经为讨论环节做了充足的准备，学生之间往往能够互相取长补短，在合作交流的过程中共同解决问题。因此，对分课堂的课堂讨论效率较高。

（三）对分课堂教学模式的基本流程

对分课堂教学模式的核心概念是将课堂一半时间用于教师讲授，另一半用于学生讨论，将讲授与讨论时间明确地分开，课后学生自由安排学习，进行个性化吸收。对分课堂教学模式主要由教师讲授、学生内化吸收、师生讨论三个教学环节组成。

对分课堂教学模式有时候也可以直接分为两种形式，主要包括"当堂对分"和"隔堂对分"两种形式。"当堂对分"是指当堂完成教师讲授，学生内化吸收，师生讨论交流这三个环节。"隔堂对分"是指将内化吸收阶段安排在课后进行，第一节课由教师讲授，课后学生内化吸收，第二节课进行讨论交流。对分课堂教学模式的教学过程中，学生不需要课前预习，它既保留了传统课堂的先讲后学的特点，又融合了讨论式课堂相互交流的特点。对分课堂通过教师讲授，引导学生学习的正确方向；通过讨论交流，促进学生对教学活动的参与，增强生生、师生之间的互动，有利于提升学生学习的积极性。与"当堂对分"相比，"隔堂对分"模式给予学生更为充足的课后时间进行内化和吸收、完成自主学习任务，对于学习基础较差的学生来说更加适用。

（四）对分课堂模式的操作要领

由于教学活动具有复杂性和多样性，特别是对分课堂教学模式，覆盖的学科类型和学生群体比较广，且对分模式又是一种新式教学。因此教师们对其操作也要进行初步掌握。以下将对对分课堂各个环节做一个介绍，教师们可根据自身经验，探索各个操作环节精髓，从而提高教学的有效性。

1. 课前准备

这一部分主要包括了课前规划、学情分析以及教学环境三个要素。

（1）课前规划：课程开始之前，希望教师能有一个完整的、清晰的教学大纲，罗列出本课程的时间表、学习目标、每次课的主要学习内容以及活动方式，对学生的作业要求、考勤要求以及考核的方式都要有一个清晰的思路。在首次课堂上将大纲发放给学生，这是对学生权利最基本的尊重。然后在教学周期和教学内容具体确定以后，就要将大纲里重要部分的内容进行分割，确定好每次课要完成的教学活动的内容。这其中要遵循两个原则，一是均等原则，也就是在数量和难度上要做到不多不少、不轻不重地划分，使学生能够在规定时间内以合理的任务完成学习；二是均匀负荷原则，也就是说让学生保持学习负担的均匀，尽量避免有些章节的复杂困难或简单容易的情况。这些原则看似简单，实则操作不易，要贯彻这些原则，就对教师本身的专业素养有很高要求，同时对学情的掌握也要很充分。

（2）学情分析：教师要系统性地剖析学生群体，充分认识学生个体情况，掌握学生学习动机、水平、每个层级学生的学习负担等，只有掌握了这些基本学情，才能更好地发挥学生的个性化特点，也能根据学情来确定将对分模式放在同一节课上来进行还是放在两堂课上来进行，都是极为重要的。

（3）教学环境：教师只有掌握了教学活动的环境，才能更好地实施对分，如教室的光线问题、设备问题等。对分教学有很强的规划性和设计性，因此，要尽量避免因设备问题而影响到对分教学。

2. 课堂讲授

传统课堂教师的讲授主要体现为系统性、完整性、全面性、趣味性等，而对分课堂恰好将这些理念推翻，其原则"精讲留白"。"精讲"，在宏观上说就是给学生指出学什么、为何学以及怎么学。学什么包括本节的框架、重难点以及概念原理等；为何学主要是为了突出内容的价值，包括情感态度的形成与培养价值；怎么学主要为学生提供学习方法与技巧，使学生能够学以致用，在学习过程中不断优化自己。

3. 课后学习

课后学习的目的在于巩固练习，主要内容包括读、写和独立思考，其中写是完成课后作业，这一部分是连接讲授与讨论的核心环节，是对分成功与否的关键所在。要注意的是，在同一堂课上进行的教师讲授与学生讨论这种对分模式中，由于时间比较短，多以"微作业"的形式展现；而在将教师讲授与学生讨论发生在两堂课上的对分模式中，学生有更多的时间进行思考交流，这为下一次课有意义的小组交流做了很好的铺垫。

4. 课堂讨论

该部分分为小组讨论和全班交流两项。小组讨论中要注意小组的划分，保证各个小组学习水平基本相当，在时间的把控上也要妥当，在小组讨论前，教师应分配几分钟对本节课内容做一个回顾。小组讨论分为很多形式，具体以课堂情况而定。全班讨论中首先是教师抽查，随机挑选几组进行作答，学生也可提出问题让其他组回答，这能充分发挥每个学生的个体性与积极性，最后教师对学生的回答以及学生提出的问题做一个总结。

5. 成绩考核

对分强调过程性学习，这就能避免学生只在期末临时抱佛脚，将学生的考核部分分为三个，分别是作业占比、考勤占比以及考试占比，这能极大地督促学生重视学习过程，从而全面提高学生的学习素养。

二、对分课堂教学模式在英语写作教学上的优势

（一）对分课堂有助于培养学生的学习能力

多项研究结果表明，学生可以达到对分课堂预期的培养自主学习能力的目标。对分课堂不同于传统的讲授内容覆盖所有细节，强调精讲、留白，帮助学生正确理解重难点，为学生的个性化学习提供了前提条件。教师在课堂上仅对知识框架以及重点难点进行细致讲解，学生需要主动去寻找问题，这是对学生自主学习能力的发展，可以有效培养学生独自钻研的学习习惯，同时也为培养学生终身学习

能力打下良好基础。

小组讨论环节的目的是在有限的时间内使每个人的问题都得到解决并得出小组内部的总结，那么成员之间如何分工、时间上如何分配都需要小组各成员进行协商，来达到讨论效率实现的最大化。学生能够体会到团队合作的重要性，更在团队合作的过程中激发出了学习化学的兴趣，学生的合作探究能力在小组讨论环节可以得到培养。

（二）使教师从"灌输者"转向"引导者"

建构主义认为，教师是"意义建构促进者"，这就将教学过程中的机械性成分降低，教师劳作负担降低，指导性成分大大提高。经实验研究发现，在整个授课过程中，教师应作为"指引者""组织者"，而不是"传授者""灌输者"。对分课堂与这一理论在理念上不谋而合，因此将写作教学与之结合，能大大为教师减负的同时，也为学生带来更多的自我思考、自我学习、自我探讨与自我总结的机会，这是师生关系最合理的展现。

（三）课堂形式从"古板"转向"灵活多变"

数年来，"中式课堂"教学一直在国内都处在极高的地位。各个地区、各个阶段的教学基本都是传统教学，即教师专注于知识讲授，整堂课几乎都是教师在机械地灌输，学生缺乏探索知识的精神，一味地只被动接收来自老师传达的信息。这使得学生也出现惰性思维，一味地依靠教师，学生个性化难以得到体现。对分课堂成功因素所在之处主要为课堂形式的"灵活多变"，把课堂的真正主人交给了学生，学生在这一模式下自主探索知识、自主学习，课堂在学生讨论下呈现出活跃状态，整个课堂氛围使学生充满学习的动力。

三、对分课堂教学模式在英语写作教学上的不足

（一）学生在对分课堂模式下仍旧拘谨

由于高校长久以来均采用传统的英语写作教学方式，学生也刚从中学来到大学，学生的稚气还未完全消散，认知程度有限，学生个性化展示的能力不足，大多数学生依旧在课堂上显示出拘束的学习态度。特别是对分课堂在讨论环节需要每个学生共同参与完成，由于学生初次接触这种新式教学，难免在讨论环节由于拘谨而影响讨论的效率和效果。

（二）教师对对分课堂的认知不足

大多数学生和教师在以往教学过程中都未曾尝试过该模式，对分课堂在写作教学中时发现的不足之处，主要是教师对时间以及教学框架的把控不足。对分课堂要求教师在课前一定要做好充足的准备，以便解决教学过程中可能出现的不确定因素。而教师在未接触该模式之前，首次对该模式的使用都会出现课堂讨论时间超出或提前完成讨论的情况，教师对这一情况的产生补救措施很难把控，教学任务也会因讨论时间的长度而受到影响。

（三）学校对新式教学的支持力度不够

很多高校在英语教学模式上几乎没有创新，且不轻易尝试有效的教学模式，对于英语教学模式的探索仅仅停留在传统的教学方式上。优秀的教学模式往往是学校首先予以重视并积极从校外优秀的教育者或其他重点学校学习而来，然后逐步应用到自身学生中去，探索其实用性。而对分课堂于学校而言，是一种崭新的东西，学校对这一模式的支持力度还不够，这使得这一模式在该校的应用实践没有更好地落到实处。

四、对分课堂教学模式在英语写作教学的建议

（一）教师层面

1. 准确选择教学内容

教学内容是教学系统最基本的要素，并不是所有的教学内容都适用于对分课堂。对于学生来说，比较抽象的问题以及第一次接触到的内容形式，不建议采用对分课堂。学生的自主学习能力较差、没有建立自己的微观模型，需要教师进行较多的讲授与引导。

2. 讲授环节具有启发性与引导性

对分课堂的讲授环节是后续学生进行独立思考、小组讨论的基础，讲授环节的启发性与引导性可以让学生以最快的速度聚焦于教师的讲授，听课效率得以保证。这就要求教师对课程标准以及教材内容具有深刻研究的同时还要掌握学情，针对学生去进行精讲、留白的设置才能有成效。

3. 提升评价方式的多元化水平

基础教育改革以及新课程标准的制定与出版都在积极倡导"教、学、评"一体化。除传统的考试成绩外，评价的方式还有很多种。这与对分课堂所强调的弱

化结果性评价,将评价落实到每一堂课的主旨不谋而合。在对分课堂模式下,对学生能力和素养进行评价可以应用多种评价方式与评价角度。例如,对分课堂实施效果的评价可以分别从学生和教师两个角度进行;从学生角度进行效果评价可以应用问卷调查和抽样访谈两种评价方式;能力及素养的评价可以从教师、小组成员以及学生自身三个维度进行。

4. 优化课后作业合理性

在对分模式下,作业扮演了至关重要的角色,它是讨论环节可以进行的基本前提。因此作业的布置尤为重要。理想的课后作业要与讲授内容直接相关、可以引导学生对课堂上学习的内容进行温习,既要包含最基本的内容又要具有挑战性可以深度学习、具有一定的开放性、给予学生自由发挥的空间。

5. 提高小组讨论参与度

教师走下讲台,参与到讨论中可以加强对于讨论环节的监控。既可以了解学生的讨论情况,又可以防止个别学生浑水摸鱼说一些与讨论无关的话。教师加入到小组讨论中可以起到良好的调动作用,让小组的同学都积极地参与到讨论中来,争取让每个同学都可以表达自己。

(二)学生层面

对学生而言,课下,要积极主动向老师反映对分课堂下个人的具体感受与学习情况。课上,要敢于参与课堂讨论与展示,积极大胆地与同伴、老师进行探讨。不要害怕出现错误,要有"好问则裕"的求学精神。学生在课堂上要敢于举手,有问题要及时向老师进行询问。

第五章 高校英语写作教学的方法应用

随着社会经济的飞速发展和国际交流的频繁，英语写作能力尤其对中国大学生来趋重要。不少学者对大学英语写作教学方法进行了探索和研究，本章列举了思维导图法、产出导向法以及档案袋评价方法在高校英语写作教学中的应用。

第一节 思维导图法在高校英语写作教学中的应用

一、思维导图法概述

（一）思维导图的界定

20世纪60年，英国的托尼·布赞发明了思维导图，又叫心智导图。是一种用文字、图像、色彩和线条等多种形式记笔记的思维工具，通过呈现某一主题，组织与相关的内容体系，建构知识体系思维导图对发散性思维进行有效的可视化表达，结合左脑的语言功能与右脑的感性直观思维，将思维方式变成彩色的、多维的和发散性的。在绘制思维导图时，多样化图文的表达，可以促进思维的发展。

在教育教学中，要区分三种可视化工具如表 5-1-1 所示：

表 5-1-1 概念图，思维导图和思维地图区别

	概念图（concept map）	思维导图（mind map）	思维地图（thinking map）
提出者	Novak	Tony Buzan	Davi d Hyerle
理论基础	有意义学习理论	脑科学的全脑学习语义学、认知心理学理论	语义学、认知心理学
图表特征	A.文字为主；B.形状网状；C.有连接词，概念间形成命题	A.字、图像、色彩；B.中心主题位于中；C.形状呈树枝状；D.没有连接词	A.学为主；B 形状多样；有网状、树枝状、桥状和圆圈状
本质	找概念间关系	有层级、结构化发散	用于对比和描述图

（二）思维导图的特征

思维导图的特征有四个方面：

（1）作为一种图形表征工具，焦点是必须清晰地聚焦在整张图像中央。在英语写作教学中，核心就是话题，选取话题的主题词汇必须放置在图像的中心位置。

（2）作为发散性思维的表达，分支必须围绕着主题，向中心图像四周发射出去。在拓展写作话题时，核心词汇、短语和句子围绕主题向外扩散。

（3）作为思维的层次表达，分支是由一个关键图像或者关键词构成，在写作框架中，可以建构各个段落以及段落之间的联系，也就是语篇衔接和连贯。

（4）作为关联性表达结构，各分支形成一个相互连接的节点结构，在写作遣词方面，让话题词汇相互关联，用相关过渡词和过渡语成句成文。教师要善于运用多种可视化工具设计多模态的英语学习活动，引领学生自主学习、合作学习、探究学习，引导学生获取梳理信息，概括整合信息，内化并运用信息。

（三）思维导图的理论基础

1. 图式理论

图式理论是依据某一个主题为核心基础，对知识进行表征和贮存的认知方式。在18世纪，康德首次提出"图式"概念，把图式解释为记忆中的认知结构。在20世纪初，瑞士心理学家皮亚杰提出有两种图式：行为、动作图式和认知、思维图式，前者内化加工产生后者，进一步丰富了"图式"内涵。在20世纪70年代，现代图式理论是由德国心理学家巴特利特提出，其理论学科基础是格式塔心理学，融合了理性主义的观点，认为图式是通过对环境的感知在直接或间接的经验中学会和获得。完善科学的图式理论体系是由美国人工智能专家鲁梅尔哈特完成。

基于图式理论，在学习过程中，学生运用思维导图，充分运用左右脑将所学知识加以整理和归纳，以形象化的方式链接和组织知识，形成的知识网络体系，这样便于理解、记忆和回顾。在写作教学中利用思维导图可以积极地扩展并整理话题词汇、语块和句型结构。

2. 知识可视化理论

瑞士卢加诺大学马丁·爱普于2004年初次对知识可视化进行定义，其将"知识可视化"的定义为："运用视觉表征加快知识在学习者之间的传播，促进对知识的理解，知识可视化指所有可以用来传递和创新知识的表征形式。[①]"知识可视化的功能是以图解的形式将知识以显性化的方式呈现。是运用图解方式加速知识传播、解决信息繁杂抽象等问题的。知识可视化是采用视觉表征的形式、利用图形的手段来表示、建构、传播抽象繁杂的知识，帮助人们重新建构、对知识的传播与创新具有促进作用。

知识可视化是一种呈现信息的手段，在呈现信息的同时完成知识的传播，帮助学习者构建新知。其功能除去传播基本信息，知识可视化最重要的功能是帮助学习者正确地对理解新知、记忆新知以及应用新知。

二、思维导图对英语写作教学的影响

（一）思维导图的运用对学生写作水平的影响

相关学者的研究发现表示，学生可以将新知识通过思维导图与已有认知发生联系，使学生主动建构认知图式，从而帮助学生有意义学习并完成知识建构。而思维导图写作教学模式就是将学生已有知识结构和新的写作主题相联系，帮助学生构建新的写作图式并组织写作框架，以达到更好的写作效果。在此教学过程中，教师不仅通过思维导图激活学生已有写作认知图式，还引导学生通过小组交流与互动不断完善与写作主题相关的图式。在整个教学过程中，遵循建构主义理论指导下的教师观和教学观，即教师是学生建构知识的积极帮助者和引导者。教学应以学生为中心，为学生创设理想的学习情境，学生通过意义建构的方式主动获取知识。因此基于思维导图的写作教学模式是以建构主义理论为基础从而激励学生自主学习，构建合作与对话学习，实现有意义学习的过程。

（二）思维导图的运用对学生写作词汇、内容及语法结构的影响

在写作词汇方面，学生在思维导图帮助下能够尽可能多地联想到与写作主题相关的词汇，并能够进行整理和分类，从而一定程度上解决学生词汇量匮乏，不知道写什么的问题。思维导图写作教学模式在提高写作词汇水平方面有较为明显的促进效果。思维导图指导下的写作教学模式在促进学生写作词汇方面具效果显著，该写作教学模式可以有效扩充学生写作词汇、充实写作内容，从而达到紧贴

---

① Eppler, M.J.&Burkhard, R.A.Knowledge Visualization.Towards a new discipline and its field of application，ICA Working Dissertation，2/2004[R].University of lugano.ln Schwam，D.G（Ed）Encyclopedia of Knowledge Management.ldea Group，2004.

写作主题、完善写作的目的。

在写作内容方面，思维导图可以帮助学生选择写作内容，拓展并完善其内容图式。在小组交流讨论过程中，学生对写作主题展开自己的见解和认识，从而更好地组织写作内容，避免写作偏离主题的现象。此外思维导图还能转变传统线性思维方式，将图形和语言以发散式图表方式展开简单高效的排列组合，进而努力调动左右脑功能以实现全脑思维。由此可知，思维导图能够帮助学生在写作过程中激发其发散性思维，组织个性化写作框架，而且在一定程度上避免了写作硬套模板的现象，从而使写作内容富有新意与独特性。

在写作语法结构方面，以思维导图为基础的写作教学模式，在促进学生语法结构方面的作用并不显著。这可能与思维导图的功能和学生自身语法积累相关。一方面，思维导图重要作用表现在引导学生扩充其认知图式，展现知识结构及其层次间关系以及激发学生发散性思维并培养其联想力与创造力等方面。另一方面，一部分学生自身还不能熟练掌握与运用语法结构，写作时可能在时态、语态方面还有缺陷。对部分学生而言，正确使用语法是学习中的难点。

（三）思维导图的运用对学生写作兴趣的影响

学生对思维导图英语写作教学模式接受度较高，大部分学生普遍认为该教学模式相较传统教学法更生动有趣、能激发写作积极性和集中课堂注意力。该教学模式能够丰富学生词汇量，收集更多写作语料，有利于在写作过程中构建清晰完整的写作框架，以更加顺利地完成写作。

用思维导图指导写作可以提高写作兴趣，能够迅速地找到与主题相关的写作素材，有利于更好地组织语言、选择写作内容，从而培养学生构建清晰的写作思维，避免生搬硬套模板的现象。通过思维导图进行写作，一方面可以激发学生想象力，释放创造力，另一方面能够更形象地展示写作结构与内容安排。

三、思维导图法在英语写作教学中的问题

（一）绘制思维导图存在困难

要绘制出正确的、条理清晰的思维导图需要教师和学生的共同努力。以教师角度分析，教师对于思维导图的绘制和教授方面还存在畏难情绪。同时部分老师认为绘制思维导图应当具备专业的美术技能，但是个人美术专业水平较低，难以完成图形绘制，所以绘制思维导图存在很多困难。实际上，部分教师的这些看法

是不够全面的，在写作中重要的是对文本的准确把握，这样呈现出的文章或作文的层次和结构才能更清晰。绘制出来的思维导图也不是只流于表面、徒有颜色和形状。同样还有部分教师对于思维导图的认识不够全面，认为不同的构图功能不同，要想实现构图的作用需要绘制正确功能的构图，但是个人对构图功能的把握不够全面精准，所以在进行绘制的时候产生了畏难情绪，一时不知使用何种方法进行绘制。

（二）学生自主性薄弱，疏于写作训练

英语写作是英语学习的综合体现，也是学生成长成才的重要组成要素，但写作一直是学生头痛的一点，学生写作往往是"挤牙膏式"的输出，同时写作也是教师教学的难点。写作是语言的综合运用，也是考查学生听说读写的重要载体。学生的写作基本功扎实，那么他一定也做了不少写作训练，然而根据教师访谈，发现教师对写作教学并不是很重视，对写作训练也不重视，每两周才让学生写一篇小作文，有时考试才让学生写大作文。教师单独进行写作课也很少，教师更加注重学生的基础知识（如单词、短语、句型、语法知识等），仅仅掌握基础知识也很难写好一篇优秀的文章，因此进行必要的写作训练是必不可少的。大部分学生都疏于这五方面的写作训练，有很大一部分的学生很少运用思维导图来收集写作素材，该现象一方面是因为学生不观察生活，没习得收集素材的良好习惯，另一方面是因为学生对思维导图不熟悉，习惯直接摘抄和记录素材，而不对素材进行整理，从而成为一盘散沙，难以利用。利用思维导图将素材进行整理归类，在记忆系统里储存的时间才会更长。同时，借助思维导图可以帮助学生将思维过程外显，调动学生进行学习和积累的积极性，提高学习兴趣，强化和锻炼学生的逻辑思维，提高学生进行写作的能力。所以说，思维导图既可以帮助学生提高写作能力，又可以锻炼学生的思考能力，提高学生学习的效率，帮助学生学会使用高效学习法，同时还可以帮助学生创作出核心思想明确的文章。还有很多学生在英语写作前不会设计写作提纲，拿到题目后直接提笔就写，因此卡壳的现象也很常见。而利用思维导图设计写作提纲可以帮助学生在写作时更快地提炼提纲，将学生掌握的知识加以整合，学生通过思考可以将知识进行充分应用，锻炼了学生的逻辑思维能力，帮助学生创作出更优秀的作品。与提笔就写相比较，其带来的效果更加显著。

在英语写作过程中，很多学生脑中有很多想法，思绪却是一片凌乱，而利用思维导图可以帮助学生将琐碎凌乱的知识系统化和整体化，因此，写作前利用思维导图进行构思对学生百利而无一害，而最常用的构思方式就是小组讨论，小组讨论不仅帮助学生进行构思，整理思绪，还能加强学生交流，相互学习。

（三）思维导图应用于写作教学的实施情况不理想

思维导图应用于写作教学实施情况不够理想，其主要问题在于这两方面，一方面，从实施方式来看，在进行写作教学时，相较于其他教学的方式，借助于多媒体或黑板来呈现思维导图的手段，相较于其他教学手段是较为高明，老师对于思维导图也多倾向于应用这种手段。与此同时，教师在进行写作教学时，虽然采取了思维导图这一手段，但是方法并不唯一，教师对于思维导图的了解程度并不够深刻，进行在教学实践中的运用时，并不能熟练掌握，教师自身能力存在不足，相关的教育资源并不到位。另一方面，在教师队伍中，虽然大多数认为思维导图对于学习是有着一定的帮助作用。但是，仍有少部分教师对于思维导图的认识还不够清楚，对其效果不相信。还存在一部分教师对于思维导图在教学上的应用处于起步阶段或者是还没有开始进行，因为没有在实践中得到应用，所以对于思维导图所能带来的效果半信半疑。

四、优化思维导图在写作教学上的建议

（一）教师方面

1. 激发与培养学生写作兴趣，增强学生写作积极性

由于实际教学过程中受制于课时安排及时间要求，部分教师对写作课堂不够重视，认为只要通过背诵例文、句子等方法学生就能完成写作，难以调动学生写作主动性和积极性。因此教师在构建思维导图写作教学模式时，应尽量通过图片、视频、头脑风暴等多种方式激发学生写作兴趣，建立写作逻辑并通过构建图式以帮助独立完成写作，增强写作积极性和自信心。

2. 深入了解思维导图，提高教学运用能力

目前，教师对于思维导图的认识不够充分，严重影响着思维导图，在英语写作教学实践中的应用，教师自身缺少相对应的专业知识，从而在实践教学过程中，能力不足。为避免这种现象的发生，需要进一步加强教师对于思维导图相关知识的学习工作，让教师对思维导图有着充分的认识，从而能够做到创新，在实践过程中，也能够积极地去运用，在实践过程中积累经验，从而更好地做到思维导图在高中英语写作教学中的实践。首先老师应该积极地去学习相关知识，通过线上

丰富的网络资源来进行学习或者是参加线下的教师培训活动等等，对自身能力进行提高。其次，当教师拥有了相对完整的知识之后，要能将理论知识运用到实践当中去，在实践过程中，不断地去运用思维导图的知识，才能真正地提高运用思维导图进行教学的能力。

3. 克服教学惰性，保持教学热情

教师的工作是神圣的，也是充满挑战的，不仅要向人类社会未来的栋梁之材传授专业知识、解答相关疑惑，更是要帮助人类社会培养更多优秀的人才。但是在当前绝大多数的学校中，许多教师感觉工作方面的压力过大，而自身的劳动付出和薪酬福利难以匹配，另外许多教师由于需要对学生试卷或者作业进行审阅批复，或者需要进行学生问题的研究或教案的准备，每天工作的下班时间都需要进行长时间的加班工作，老师的劳累程度在社会当中属于较高的一类工作，许多教师经常需要高负荷运转，教师常常感到身心俱疲。因此对工作也渐渐失去兴趣，缺乏工作热情和创新力。思维导图作为一种新兴的教学方法，对教师来又是新的挑战，教师惰性驱使着他们对其"视而不见"，驱使着他们不能将其更好地应用到教学中。所以，教师需要深刻地认识到自身工作的伟大和神圣，尽可能地对自身的教学惰性进行克服，不断提高自身的工作能力和教学能力，学习更多先进的教育理念和教学方法，将这些理念和方法运用到自身的实践当中。

（二）学生方面

1. 借思维导图，勤练写作

大部分学生表示，写作时思维难以打开，很难顺利写出一篇英语作文，而借助思维导图线条、图像和色彩等元素，可以有效激发和整理思维，这不失为一种高效的非线性的思考工具。然而它作为一种激发思维的学习方式，对于思维较难发散的学生来讲，思维导图便如同"巧妇难为无米之炊"。因为这类学生大脑中并没有一定的知识基础，所以写前无法进行关键词的填充，这与学生自身的知识储备与概括能力有关。因此在刚接触思维导图时不要因为绘制不出来而沮丧或放弃，要坚持练习，所谓熟能生巧，一旦学会后，就会发现使用起来便会游刃有余，水到渠成。在刚开始学习使用思维导图时，一定会有许多不适应的地方，这时最需要的是耐心。学习一样新东西必然会遇到一些困难，一定要做到慢慢地、深入地去了解它的内涵和用途，只有将其摸透，才能更好地去发挥它的作用。并在使用过程中要抓住它的特点，摸清楚其绘制原则，来提高写作能力。

2. 提自主性，抓绘制重点

目前很多学生缺乏自主学习意识，自主学习能力较差，学生还依赖着教师的督促，课下对教师传授的知识也很少进行复习、总结。在当代教育体制的改革要求下，对于学生的自主性的培养就显得尤为重要，让学生处于学习过程中的主体地位，不再只是听从教师的讲授，而是要发挥学生主观能动性，使学生从"学会"变成"会学"。思维导图的使用过程中非常重视学生的自主性的发挥，学生只有发挥主观能动性才会对思维导图产生兴趣，逐渐便能掌握思维导图的绘制。不过值得注意的是，学生不能把精力放在所谓的规则、纸张、特点等，教师要担任其指引者的角色，引导学生学习使用思维导图的过程中一定要抓住重点，把如何绘制出契合写作话题的思维导图放在主体地位，而不是放在如何画出色泽鲜艳或华而不实的思维导图，这样就成了喧宾夺主，本末倒置。

（三）其他方面

1. 拓宽思维导图在英语写作及其他领域的应用研究

思维导图在帮助学生构建写作图式，扩充写作词汇量和丰富写作内容方面发挥积极作用。但由于学生存在个体差异性，部分学生语法薄弱，缺少系统具体学习和训练，思维导图在提高学生语法方面作用不是非常显著，因此思维导图还有更大的研究和发展空间。在以后研究教学中，教师和相关学者可以尝试将思维导图与语法教学、词汇教学等相结合，以更好地发挥其作用。

2. 加强对教师思维导图培训的力度

随着时代的不断发展和进步，社会对教师的专业化教学水平和教学质量有了更高的需求，如果教师在教学生涯中始终一成不变地坚持旧的思想和旧的理念，就很难为国家社会培养出优秀的人才，而教师也会被逐渐地淘汰。随着现代化技术的不断发展和信息化社会的全方面发展，教师有了更多接受培训的渠道，因此教师自身和校方需要重视教师的培训工作，有效地提高教师的专业化水平。而有关思维导图培训方面，首先，教师需要接受思维导图基本素养方面的培训，对思维导图的内涵和导图的绘制方法以及相关软件的应用进行充分的了解，学习在实践教学中需要遵循的原则，了解导图的设计方法和构图种类，明确导图不同种类的不同功能。其次，教师也需要接受一些有关于思维导图绘制教学技能的培训，其中包括讲授技能、绘制技能和修改加工技能等等。教师在对相关方面进行学习和了解之后，需要结合自身教学的实践，将理论进行融合，在实践过程中进行大胆的尝试。还值得注意的是，教育部门在组织教师进行培训的时候，一定要做好监督工作，监督培训的质量。让老师在培训过程中真正的有所学，以满足教师的需求，对于教育的发展有着真正地促进，对于教师水平有着真正的提高。

3. 定期进行教研，促进教师发展

教师进行教研工作可以有效地推动教师专业化水平的持续性增长。因此学校可以定期地召集教师开展思维导图相关方面的教研活动，进一步提高教师在实践教学过程中对思维导图的应用能力和教学能力。教师是一切教研活动和教学活动的主体，因此只有教师发自内心地主动参与相关教研活动，才能确保教研活动的有效性。因此，首先，学校需要组织学校的英语老师，成立专门的教学研究小组，让教研小组承担教学研究的基本任务，将思维导图教学相关方面的研讨任务纳入教研小组的基本任务当中。其次，教研小组可以定期地安排教师进行公开课的教学，评选优秀公开课，组织其他教师进行互听互议，让教师可以相互的学习，为教师提供一个相互交流的渠道，使教师在相互交流过程中推动互相之间的成长，实现教师共同学习、共同进步。有效地提高教师的思维导图教学能力。让教师在相互沟通交流过程中认识到自身的不足，学习其他教师的优点，形成教师与教师之间的优势和不足互补的教研环境。而进行公开课学习，也可以对教师进行一定的监督，让教师在日常工作中更加重视相关方面的学习和尝试，提高教师的专业化水平。最后，教研小组可以建设一个展示平台（比如公众微信号），鼓励教师在平台上上传优质课堂视频或写作课堂范例，让教师们相互学习和探讨。

4. 搭建校际之间交流与合作平台

思维导图在高中语文、数学、英语等各学科中的应用都有些研究，为了更好使思维导图在学校内和学校间大范围地进行使用和推广，学校除了在校内建设交流平台，同时需要进一步推动校际之间的合作，邀请其他学校或校外教育机构进行合作，将各自对于思维导图应用方面的资料和专业化教学教案进行上传共享，相互学习。同时组织教师进行学习浏览，进一步提高学校教师对思维导图的理解和认知程度，催生出各种新型教学模式，充分整合不同学校和教育机构之间的智力资源，推动思维导图在日常的写作教学过程中的实践应用。具体可以进行以下步骤。首先，加强学校与学校之间的合作沟通，推动学校与学校之间形成教育资源共享机制。其次，学校需要重视与校外专业化教育培训机构之间的合作联系，进行相关方面成果的共享和相互学习。主要原因是由于部分校外专业化培训机构在进行培训教育过程中会使用思维导图的方法辅助学生学习，因此思维导图方法在校外专业化培训机构中也有一定程度的应用，机构在此方面也会有一定的心得。同时学校和机构的终极目的便是对学生进行更好的教育，推动学生成人成才，因此学校和校外机构在教育目的方向上有着一致性，奠定了学校和校外专业教育机构之间的合作基础。

5.利用专业研究团队推广思维导图

思维导图在我国教育领域中的研究分为三个阶段，即：个体应用初期阶段、群体化应用阶段和区域化发展阶段。当前绝大多数地区的学校，在思维导图教育应用中没有达到区域化发展阶段，只有部分一线城市和大城市学校在教育过程中引入了思维导图手段的应用，将思维导图应用由实验转入常规教学当中。同时在当前学生教育过程中，应用思维导图的教学模式并未完全成熟，仍处于摸索阶段，超八成的教师和学生认为思维导图对于知识的教授和学习没有实质性的帮助。所以说应侧重于培养相关的专业人员，提升综合水平，深入研究思维导图的应用前景和意义，加强宣传力度，提升思维导图在教学活动中的知名度，提高应用率。相关专业人员可以借助举办活动、讲座等形式推广思维导图，使教师和学生可以更加全面地了解思维导图，进而接受思维导图，习惯使用思维导图解决问题。另外，专业人员的推广活动应该综合考虑地区的特点，不同区域由于经济发展等情况的限制，对于思维导图的接受程度不同，可以针对性地对思维导图进行推广和普及，使得思维导图的接受度在某区域内最大化。

第二节　产出导向法在高校英语写作教学中的应用

一、产出导向法概述

（一）产出导向法概念界定

"产出导向法"（Production-oriented Approach，简称 POA），是极具"中国特色"的。由文秋芳以及众多中国的优秀学者，在面对中国学生"学"与"用"分离的现象后构建的英语教学理论体系。其目的是解决传统教学法下教师只讲课文的现象，主张一切教学过程都是由师生共建的，既强调教师主导，又注重以学生为主体。产出导向法认为输出比输入的内驱力更大，关注学生的产出，既关注产出的过程，又关注产出结果，一切的输入都是为了学生的有效学习而准备，是一种值得推广的新型的教学方法。

从最初的"输出驱动假设"雏形到形成"输出驱动—输入促成假设"再到后

来的多次修订，形成一套完整的体系。其理论体系包括教学理念、假设和流程三部分（图5-2-1）。

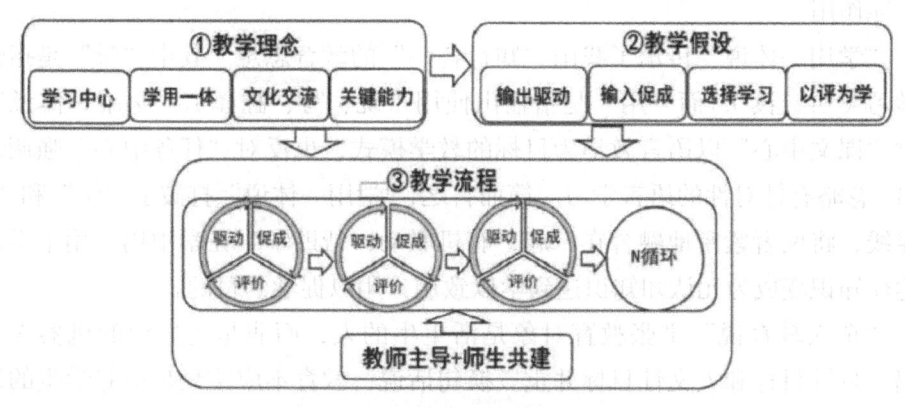

图 5-2-1　产出导向法教学流程

其中，教学理念主要包括强调教学是为了有效地学习而展开的"学习中心说"；强调"学""用"无缝衔接的"学用一体说"；重视理解不同的文化价值与文化意识的"文化交流说"；重视培养能够在复杂环境中处理事务的人才的"关键能力说"。教学假设包括：打破以往教师先对学生讲解知识，而后学生输出所学知识的顺序的"输出驱动假设"、强调教师应及时提供输入知识来促使学生更好地产出的"输入促成假设"、强调学习者要在分析学习目标与教师的输入材料后，选择自身所需知识的"选择性学习假设"、强调评价的过程也是学生学习的过程，重视师生、生生之间的评价互动的"以评为学假设"四部分。其教学流程主要由驱动、促成和评价三部分组成。

该教学法根据中国国情，具体问题具体分析，系统而有针对地为中国外语课堂教学的"重学轻用""重用轻学""课时少，学习效果不佳"诟病开出"中药方"。挑战了"填鸭式"和"以学习者为中心"的教学模式。认为要解决外语教学中效率低下，学习效果不佳的问题需要考虑的因素很多，其中包括教师和学生的观念、课堂教学方法以及教材和评价体系。主张教学始于输出，止于输出，并且在整个教学过程中，教师的及时输入与专业引领推动着学生的输出。最终达到让学生能够"以用促学""以学助用""学以致用""学有所成"。

（二）产出导向法的教学理念

教学理念包含四部分："学习中心说""学用一体说""文化交流说"和"关键能力说"。

POA 提倡的"学习中心说"与"以教师为中心"和"以学生为中心"的教学理念不同，它更加关注是学生学到了什么，而并非是简单地考察谁在课堂上发挥了主导作用。

"学用一体说"传承了我国"知行合一"的教育思想。其中"学"是指输入性学习（听、读），而"用"是指输出使用（说、写、翻译）。"学用一体说"既反对"课文中心"以语言教学为目标的教学模式，也反对"任务中心"强调语言输出、忽略有针对性的语言学习。简而言之，"学用一体说"打破了"学"和"用"的界线，将两者紧密地融合在一起，有机联动，帮助学生在学中用、用中学，使陈述性知识变成为元认知知识达到学以致用，用以促学的目的。

"全人教育说"主张教育对象是活生生的人，而非是无思想的机器人，它提倡工具性目标和人文性目标并重。换句话说，教育不应该只是培养学生的综合语言应用能力，也是培养学生的"关键能力"。许多学者坚持认为语言教学是人文性和工具性统一的教育。教学过程中教师可以通过以下三种手段潜移默化实现"人文性目标"：第一，教师设计体现人生观、价值观或跨文化交际的话题作为产出任务，吸引学生兴趣引发讨论；第二，教师筛选能够陶冶学生的情操，拓宽国际视野并弘扬正能量的输入材料，从而促进学生的产出任务；第三，教师设计多样化的教学组织形式。

由于"全人教育说"这个概念比较抽象，不便一线教师理解应用，2018 年文教授对其进行了修改，结合《国家英语课程课程标准（2017）》将"全人教育说"替换成"跨文化交流说"和"关键能力"两个原则。"跨文化交流说"认同文化交流是以语言为载体的，主张通过语言学习让学习者了解目标语文化，同时借助目标语更加地道的表达本体文化，从而促进两种文化的平等交流。"关键能力说"针对不同的学习者培养目标不同，在这里"关键能力"主要指语言能力、文化品格、思维品质和学习能力。

（三）产出导向法理论基础

1. 输入假说

Krashen 提出可理解性输入假说，认为可理解性的输入是语言习得的必要条件，这个假说对二语习得领域具有重大影响和意义。输入假说包括习得学得假说、自然顺序假说、监察假说以及情感过滤假说。在该假说中设定学习者现有语言水平为"i"，学习者目前水平与即将达到的语言水平的差距为"1"，则"$i+1$"是学习者即将达到的语言水平，该公式说明学生者在现在的语言水平基础上，通过增加可理解性输入,才能达到下一个语言水平阶段。如果输入的语言材料超过或者仅达到学习者语言水平都不能够促进语言习得。因此,输入假说启示教师,教学关键是在交际语境中,根据学生的语言水平选择语料,为学生输入大量可理解性的语言输入。

然而,输入假说存在一定的局限性。一方面,语言输入不是决定语言学习效果的必要条件,只有提供给学生练习和输出的机会才能提高语言运用能力。另一方面,输入假说是基于第一语言环境研究而提出的假设,而我国学生接触外语的时间几乎只有在课堂上。另外,同时输入假说过于强调语言输入而忽视了学习者主观能动性。

2. 输出假说

根据加拿大沉浸项目的多年研究,专家发现即使两组学生接受了多年的沉浸项目,但仍达不到目标语水平。他认为这是由于学生听多讲少,缺少输出和意义协商的机会,提出输入理论存在局限性,认为其过分强调输入的作用。基于该实验的多年研究,有学者提出了可理解性输出。学生在语言输出时,可以扩大他们的中介语来达到交际的需要,应用他们内化的知识或之后的输入来找出解决语言不足的问题。

之后,有学者进一步总结了输出假说的三个功能:(1)注意功能。注意功能指的是输出目标语会促使学习者意识到他们的一些语言问题,这会使他们更加注重相关的输入。(2)假设验证功能。该功能说明输出是如何测试我们关于语言如何起作用的假设。在发展中介语的过程中,学习者通常把输出当作一种方法来测试新学到的语言形式或结构。他们尝试使用输出来测试他们的假设并尽快达到交际的目的。(3)元语言功能。元语言功能也称作反思功能,该功能即学习者使用语言来思考语言,强调了学习者能够发现他们在学习并使用语言的过程中出现的问题,反思他们学到的语言是否存在问题。换句话说,输出可以促进学习者控制和内化他们的语言知识。

输出假说经分析和论证,证明语言输出能够使学习者注意到自己的语言问题,同时检验并反思。但另一方面,也要关注在交际活动中可理解性语言输出活动出现频率低的问题。

3. 输入与输出的融合

Krashen 的输入假说只强调输入的重要性,忽略了输入的意义。输出可以用来检查学习者的语言能力,二语习得的表现方式是输出,它能够促进二语习得效果。然而在实际的交际活动中,可理解性语言输出活动出现频率低。输出假说未明确在不同阶段学习要以输出来驱动输入的学习。将输入理论与输出理论相结合势在必行。因此，POA 既关注学生的可理解性语言输入的重要性，又注重学生语言习得的语言产出活动的意义，同时明确了输出活动的环节，输入与输出的融合也是 POA 理论的重要依据。

在 POA 教学假设中，将输出与输入融合研究提出了"输出驱动假说"和"输入促成假说"。POA 的教学环节中，教师在"驱动"环节中设计了一项产出任务，该产出任务的设计目的是利用输出激起学生的学习动机，引发学生思考自己需要什么知识。接下来，在"促成"环节，先是教师输入相应的可理解性学习材料且学生进行选择性学习，而后学生再次产出任务。

综上所述，POA 结合输入假说理论与输出假说理论，明确了输出—输入—再输出的教学流程。输出作为将教学起始环节，达到输出驱动的作用；紧接着进行可理解性的输入，用于促成语言任务；最后再次输出，为语言运用提供了机会，使学习者内化语言知识，达成语言任务。

二、产出导向法对高校学生英语写作思辨能力的培养

（一）产出导向法能提高学生的思辨能力

传统的英语写作教学这模式中，教师只注重语言知识以及语言结构的讲解，照本宣科地向学生输入知识，学生被动地"听"，思维的训练主要通过简单地理解与识记。而使用产出导向法进行教学，教师的驱动促使着学生"产出"，一方面通过设置具有真实性的交际场景，不仅激发学生学习的积极性与产出的欲望，而且能够提高学生分析事物、推理事物、评价事物的能力，不断增强自身的认知成熟度；另一方面通过布置具有认知挑战性的任务，渐进性地向学生发起挑战，并在这一过程中配以对接产出目标的输入，在输入与输出的过程中，学生一方面通过"盘活"已有知识，另一方面不断地积累新知识，发展新技能，提高学习的自信心。因此，产出导向法更有助于学生思辨能力的培养。

（二）学生的思辨能力与作文表达能力之间具有正相关关系

产出导向法既能提高学生的思辨能力，又能提高学生的写作语言表达能力。通过皮尔逊相关性分析表明，学生的思辨能力与写作语言表达能力有着显著的正向相关关系。这主要由于写作是一种思辨活动，通过观察一个人的作文，可以看出其思考的过程。语言表达能力的准确性既有助于学生审题，理解、分析概念与

概念之间的关系，又有助于帮助学生透过现象看到本质，层层推进，深刻立意。同时思辨的分析性、认知成熟度又有助于增强词汇、句法规范使用准确性以及各项组织与表达方式的逻辑连贯正确性。语言表达的流畅性既指书面表达的流畅性，又指思维的流畅性。语言表达的流畅性能够降低词、语、句使用重复性，使学生在较短的时间分析、推理、归纳、综合概括书面材料，确定文章的中心论点以及分论点。同时思辨分析性、认知成熟度与寻真性可以增强思维表述的流畅性，运用恰当的论据，全面透彻地进行论证，使得整体篇章结构完整，中心突出、层次分明。语言表达的复杂性既指复杂、高级的词汇、语法的使用，又指表述内容的广度和深度。语言表达的复杂性，可以增强对文本材料中长难句的理解，提高思考的全面、细致、深入性。同时学生的分析性与认知成熟度思辨人格倾向能够增强语言表达的广度与深度，增强语言表达的复杂度。因此从学生思辨能力与学生写作语言表达能力的相互作用关系可以看出，培养学生的思辨能力非常重要，在一定程度上有助于学生写作语言表达能力的发展。而产出导向法的教学方法能够显著提高学生的思辨能力，因此将产出导向法利用到高校的思辨能力教学上是非常必要而有意义的。

（三）产出导向法能提高学生写作语言表达能力

产出导向法的教学模式侧重于以学生为主体，以教师为主导，学生在语言学习的过程中不是被动地接受，而是主动地听，教师的及时输入与学生的认知不足与产出目标进行对接，学生为将来可能预见的真实场景组织语言，并不断地进行自我修正，力求保证语言表达的准确、流利、复杂性。因此，产出导向法能提高学生的写作语言表达能力。

三、基于产出导向法的混合式写作教学模式案例

基于产出导向法的混合式写作教学模式是由课前、课中及课后三个阶段构成，整个教学设计遵循"驱动—促成—评价"，并充分利用现代信息技术，实现了线上网络教学平台U校园、线下课堂教学无缝衔接的混合教学模式，探索了课前的主题预热和知识热身、课中的场景驱动、输入促成和师生评价，以及课后知识巩固的教学流程，形成了课前、课中、课后全方位立体化，以及与教师、教材、网络教学平台相融合的混合式写作教学模式（图5-2-2）。

```
基于产出导向法的混合式写作教学模式
         │
   ┌─────┼─────┐
   课前   课中   课后
   │      │      │
 ┌─┴─┐  ┌─┴─┐  ┌─┴─┐
主题 知识 场景 输入 复习 任务
预热 热身 驱动 促成 巩固 产出
```

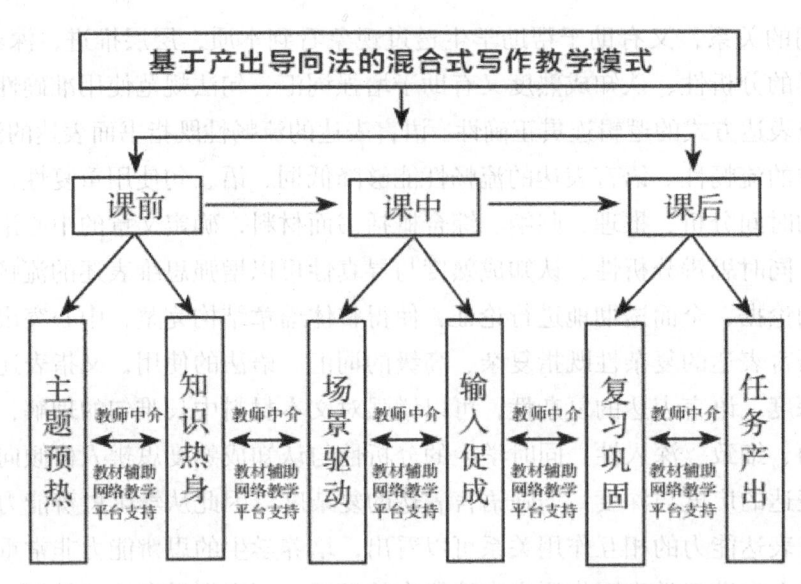

（教师中介 ↔ 教材辅助网络教学平台支持，贯穿各环节）

图 5-2-2　基于产出导向法的混合式写作教学模式

在这样的教学模式下，教师在整个教学过程中起中介作用，是课堂教学的设计者、组织者、引领者和指挥者。

（一）课前热身，课中驱动

为了让学生对话题有初步了解，设计了依托网络教学平台 U 校园的课文预习和互联网的微课学习等课前预热活动，布置写作第一稿任务，让学生了解自己的知识"缺口"，同时为教师后续的教学设计提供依据。在驱动环节，教师创设交际场景，通过场景的目的、场合、话题和身份，挑战学生"表达对立观点"的产出能力，随后明确单元目标和任务。

（二）课中促成，合作评价

课中的促成环节主要包括语言、内容和结构促成。在充分利用教材、U 校园和网络教学平台的基础上，遵循"多样性""渐进性"和"精准性"的原则设计促成练习，提供"够得着"的脚手架，引发学生思考，形成自己的观点，为写作二稿做好语言、内容和结构输入储备。第一，在语言促成方面，教师通过课前短语翻译、课中重点词汇短语句型讲解和课文细节问题回答、课后连词成句题和词汇匹配题等练习的线上线下学习进行巩固夯实。第二，就内容促成角度而言，教师主要通过教材的课前预习、课中学习和课后复习实现，引导学生分析教学材料中"奥德赛岁月"所涉及的相关内容，使学生能够在话题辩论活动中掌握孩子和父母对奥德赛岁月的看法。在学生小组讨论的过程中，教师需引导学生将重点放在奥德赛岁月概念、特点总结以及孩子和父母对奥德赛岁月的不同理解及其原因分析等。第三，在结构促成方面，教师通过课后的微课自学、课中的思维导图和教材写作技巧的学习与提炼，在篇章结构的安排、过渡词的使用以及论据的筛选等方面提供充足输入。

在基于产出导向法的混合写作教学中，评价需由师生合作共同完成。在课中的语言、内容、结构促成学习后，学生尝试完成第二稿。在第3次课前，教师批阅学生小组初稿，根据语言、内容、结构的评价标准挑选出"可改、可评的中等质量产品"的典型样本问题，发现并归纳共性问题并做好教学反馈。课中，教师阐明语言、内容、结构评价标准（评价标准根据教学重点设计，包括过渡词的使用、有效论点的使用、高级词汇的使用等），由学生进行典型样本的"他评"，教师总结反馈写作任务初稿的框架，概括优点，指出不足，学生自评后完成终稿。

（三）课后巩固，完成产出

课后的U校园线上习题及其他形式的练习，起到复习巩固课中所学知识的作用，为后续的产出积累知识储备。经过3周6节课以及不间断的线上学习，在前期输入促成和师生合作评价的基础上，实现语言、内容、结构的足够促成输入，最终完成教学目标的产出写作。

四、产出导向法在高校写作教学应用中的建议

（一）重视多元输入方式对英语写作教学的辅助性作用

看、听、读是语言材料输入的根本途径，教师无论在哪一方面的教学都需要在其他几个方面的辅助下进行。看、听和读是人们了解和认识外部世界的基本途径，了解和认识一门语言也不例外，人们可以通过看的方式来了解文字组成的结构，在头脑中形成影像从而达到认识的程度。听可以通过声音来认识文字的发音，阅读可以通过对文字和文字的组合形式来了解语言要表达的含义，可以通过阅读积累多种多样的语言信息，丰富自己的语言内容和结构。在写作教学过程中加强视、听、读三种形式的输入是后续写作输出的重要积累方式。

值得一提的是，在应用新的教学方法的同时不能忽略传统教学方法的作用。"背诵课文"是最古老，也是最有效的学习语言的方法。单词、语法、句式和语篇结构等是写作者必然应用的知识。而很多同学单纯背单词、语法的效果很差，

如果把单词放在例句中背似乎会得到一定的效果，但由于例句之间的关联度比较低，多数学生承认把单词放在语言环境中记忆是一种很有效的学习方法。因为这样学习单词和语法可以加深记忆，还可以掌握词汇和语法的用法。背诵能够增强对语言形式的熟练程度，加快接收语言信息的速度，积累语言素材，积累不同体裁文章的框架和谋篇布局的技巧，提高写作的质量。

（二）重视多元输出方式对英语写作教学的辅助性作用

口语表达是语言材料输出的重要手段。"口语表达"和"写"同为语言输出的基本方式，语言处理的方式是同向的。"说"虽然没有落在笔头上，但能够在一定程度上加强对词汇的运用程度，刺激学生对词汇句型运用的敏感度。口头表达英语的方式很多，比如教师可以鼓励学生自发创造英语语言环境。学生可以依据写作学习的话题组织英语辩论赛，组织讨论活动等形式来加强学生口语的输出，通过大胆地交流，加强学生的英语输出能力，辅助英语写作能力的发展；翻译同样作为输出的重要方式，对写作输出质量的改善具有辅助促进的作用。目前以汉语为母语且处于非二语环境中的学生，一般在写英语作文时，首先在头脑中形成汉语模板再进行翻译，从这个角度来说，英语翻译不过是英语写作过程中的一个步骤，与英语写作的方向是一致的，所以无论是句子翻译还是段落翻译都有利于英语写作能力的发展。教师应在写作教学的同时，有意识地培养学生的翻译兴趣和翻译能力的发展。

（三）重视创建驱动环节情景的真实性和交际性

POA 明确了在驱动环节以输出来驱动输入，将教学顺序设计为输出—输入—输出，因此驱动环节的输出活动是整个教学设计的开头，十分重要。驱动环节的输出是让学生置身于真实的社会交际情景中，尝试产出交际任务，却意识到自己语言知识不足而产生"饥饿感"。因此，驱动环节情景的真实性对于接下来开展输入促成环节的语言学习十分关键，教师必须创造真实的情景，如结合展示性问题与参考性问题，或提高参考性问题的比重增加情景的真实性。

（四）重视大学英语四六级考试的反拨作用

"反拨作用"是语言测试对教学和学习所产生的影响。CET4 和 CET6 是全国性的大型考试，是考察大学生英语水平的重要标准。无论是对学生未来的就业，还是出于个人喜好，还是继续深造，其作重要性都是不言而喻的。而绝大多数学生对其怀有高度的热情和深切的渴望。如果教师将大学英语等级考试的话题引入课堂必然会引起大多数学生的关注，而英语写作又是大学英语等级考试中的重点和难点，教师以英语等级考试的写作和标准为依托，那么必然会引起学生的关注，调动起学生的积极性，这时，反拨作用的积极方面就凸显出来了。作者在课堂观察过程中发现多数学生在写作课堂上精力比较集中，这一教学目标的选择一定程度上激发了学生的写作兴趣。

大学英语教师应积极鼓励学生参加大学英语等级考试，提高英语课堂和大学英语等级考试的关联度，在一定程度上，反拨作用就会更加有效。测试不仅是一种检查学生学习情况的评价方式，也是一种颇为有效的驱动方式。

第三节 档案袋评价在高校英语写作教学中的应用

一、档案袋评价概述

（一）档案袋评价的定义

档案袋评价（portfolio assessment），它是与我国传统的考试方法相对应的可选评价（alternative assessment）的一个典型代表。自20世纪80年代以来，档案袋评价应运而生并在国内外不断推广。作为形成性评价的一种，将其应用于对学生在教学过程中各个阶段的表现的记录和评价中，对学生在这一过程中出现的各种行为过程进行评价，包括其长处和不足行为。该方式有诸多不同的定义，但其整体理念却得到了广泛认同。

在应用中，其中一个主要目标就是在一定的目的下，对学生的作品进行收集，对学生在学习过程中取得的优秀成果或者在学习中取得的进步等进行展示。学习档案袋能展现学生的日常学习情况，具备综合性，也可以是一个通过反思和探索促进课堂教学的重要过程。通常，这一方式在形成性或者终结性的评价中被较为广泛的应用，因此可以将其称为综合档案袋或复合档案袋，其具体内容为，在已经确定的目的导向下，系统地收集学生作品，通过一段时间的收集内容来对学生的学习过程和成果进行记录和评价。由于被认为其核心为作品的自评和反思，使其被称为自评档案袋。

在国内，有较多学者阐明了对档案袋评价的理解。有学者提出，档案袋评价是一个容器，其中容纳了包括个人的思想、兴趣、技能、成就等属于学生个人所有的证据。目前为止，还没有一个较为统一的说法对其进行定义，但在观点上，一致认为这是以学生成长和学习过程为基础建立的，档案袋所收集的材料包括学生的作品以及自评材料，对于学生而言，是可以反映出在收集材料的这一段时间里，学生取得的进步以及付出的努力的。

《新课标》中对档案袋评价的描述为学习档案可以包含的内容有：平时学习情况记录，作业样本，活动成果，自评和互评，教师评语，以及家长评语等。

（二）档案袋评价的类别

由于各类型的档案袋在实际应用中具有不同的目标和方法，其类型也不相同，对不同的类型进行了解，可以更有效地在进行写作教学的过程中选取合适的档案袋。

档案袋有 5 种类型（表 5-3-1）：展示型、文件型、评价型、复合型和过程型。其中展示型是由学生完全自主进行选择的作品。而文件型一般来说是由教师进行材料的选择和放置的。以特定的目的或者结果为导向进行评分的是评价型。对作品的产生过程进行记载和反思的是过程型。而对以上几种类型进行综合的就是复合型，其中包括师生双方选择的作品，评价的工具而组成的档案袋，以此记录学生的写作和评价过程。按照不同的功能，可以分为理想型、展示型、文件型、评价型以及课堂型。

表 5-3-1　档案袋类型

	文件型	展示型	评价型	过程型	复合型
目的	成长记录和教学成果	聚集有价值作品；学生总结分析	评价；呈现；反思	对过程进行记载；对自我进行反思；在过程中成长	成长；评价；反思；在过程中的成长
适用	师生及家长	师生及家长	管理者	师生及家长	师生及家长和管理者
参与构成	老师	学生	师生双方	学生	师生双方
何种结构	适中型	松散型	紧密型	变化型	适中型

（三）档案袋评价的特点

国内外学者对档案袋评价的特点尚未最终定论。有学者认为，档案袋评价具有综合性——应采用正式和非正式评估手段，同时关注学习过程及结果，了解学生在语言、认知、元认知和情感等各个领域的语言发展，以及强调学术语言和非正式语言的发展；计划性——档案袋的使用目标、收集内容、信息收集时间以及评价标准都应提前做好计划；有用性——档案袋的资料信息要能够促进学生反思学习、教师教学、家长掌握学生学习动态以及学校进行评估；真实性——数据收集必须在真实课堂环境中，能够体现真实的课堂活动和反映学生真实的学习状态；个性化——档案袋设计要能根据不同学生的特点需求，去制定不同的目标和评价标准等。

收集性、反思性和选择性是档案袋评价中不可或缺的三种特性，收集—反思—选择也形成了一个连续的档案袋评价过程。收集性、选择性和反思性都有着高度的相关关系，从而使学生通过内部和外部反馈不断修正自己的作品，促进学生自我评价。有学者认为档案袋评价具有目的性、系统性、组织性、计划性和选择性等特点，他们认为对学生写作作品的收集是有目的性和选择性的，要按照一定标准来进行系统地收集，绝不是杂乱无章的。我国学者将其特点总结为目标计划性、成长表现性、整合多样性、主题性和反思性等。档案袋评价的实质是教与学的整合，因此具有选择性、反思性、真实性和特殊性等特点。有学者认为档案袋评价的特性主要包括评价内容的多样性、丰富性和整合性，评价过程的开放性和形成性，以及评价结果的主题性和反思性。尽管当前国内外学者对档案袋评价特点的看法不尽相同，但在以下几点达成了共识。首先，档案袋评价应具有选择计划性，学生作品的选择一定是按照计划有条不紊地进行。其次，档案袋评价具有真实性和多样性，学生作品的选择要基于真实的教学环境，收集的资料也应是丰富多样，不仅要记录学生在某方面的进步，也要收集学生存在的问题以及他们的自我反思等信息。最后，档案袋评价还具有反思性，档案袋评价采用自我评价、同伴评价和教师评价等多种评价方式，有利于提高学生的反思能力。

（四）档案袋评价的优势

首先，档案袋评价提供了评价学生学习的不同视角。与传统的只强调学习最终结果的终结性评价相比，组合评价是一种真实而动态的学习过程。档案袋评价是形成性反馈的提供者，他们认为它有助于学习者将写作理解为一个面向社会的过程。在档案袋中收集的材料和数据是研究真实的并能及时更新的作品。通过使用档案袋评价，教师、家长、管理员可以通过分析学生档案袋中收集的作品来回顾学生的学习兴趣、学习技能、优势和弱点。档案袋为学生提供了更多的视野，以更多地了解他们在学习过程中能做什么和反思过程。然后，档案袋评价帮助学生成为自主和独立的学习者。在档案袋评价的应用中，学生可以收集和反思自己的作品。档案袋是帮助学生发展自我评价，批判性思维和监测自己学习等重要能力的有力工具。培养学生成为自主和独立的学习者是教育的主要目标之一。独立学习意味着一种自我导向的学习方式。在档案袋评价期间，制定学习目标的过程中学生也进行了参与，学生对自己的学习计划进行制定和对自己的档案袋进行设计。更重要的是，鼓励学生评价或反思，然后根据他们的实际学习情况调整他们的学习计划或策略。在这种考核中，学生是学习的中心。所有这些活动都要求学生为自己承担责任，它们有助于促进学生成为独立的学习者。

再次，档案袋评价不仅有利于学生，而且对教师也有帮助。研究人员提出了档案袋评价对教师的好处。对于教师来说，首先可以根据档案袋评价的反馈对自己的教学进行反思，然后及时进行高效的变革，以改进自己的教学。此外，档案袋为教师提供了一个新的教育视角。它鼓励教师改变教学实践，是将课程和教学与评价联系起来的有力途径。通过运用档案袋评价，教师可以将新课程标准中的原则纳入教学实践。此外，在尝试档案袋评价的过程中，教师发展他们的个人和专业能力。此外，档案袋评价增加了学生与教师、家长、同龄人和其他人之间的沟通。在档案袋评价中，包括学生、教师、同龄人和家长在内的许多主体都参与其中，这意味着他们都是学生学习的参与者。学生是档案袋评价的主要部分，因为他们是学习的主体，他们对自己的学习负责。但这并不意味着他们可以在没有其他人帮助的情况下做好这件事。教师给他们建议和指导。同伴帮助他们完善他们的作品，父母是他们学习过程中的伙伴。在这个过程中，他们相互合作，加快学生的成长和发展。

最后，与传统终结性评价相比，档案袋评价有很多优点。档案袋评价是一种以学生为中心的动态评价方法，有利于学生的学习。然而，传统终结性评价是一种以教师为中心，以产品为中心的方法，忽视了学生在学习过程中的发展。

二、档案袋评价的理论基础

（一）建构主义理论

1. 建构主义理论定义

建构主义与其相关衍生理论是语言教育中的常见指导思想，对于语言学习的影响非常深远，在我国，语言教学的设计在很多方面都有着建构主义的底蕴，教育实践的演变趋势也与之密切相关。

建构主义是由来自瑞士的著名儿童学家皮亚杰（Jean Piaget）最早提出，最初用来揭示儿童的认知发展过程，以建构主义的观点看来，儿童的认知与智力的发展是根据儿童已有的基础而实现的建构实践活动，该基础可以是已有的知识或者是经历过的实践等。知识来自于环境与儿童的互动，建构主义强调的正是这种双向的作用，在教学实践中表现为教师与学生共同参与、积极互动并交流，其基本特点主要是：主动性，建设性，累积性，目标和导向性，诊断与实践反思性。

在评价体系设计方面，建构主义学习理论强调每位学习者在学习过程中的自我评估及其自我反思。一方面，建构主义所要强调的是评价应该是一个动态、变化、持续地呈现给学习者的一种学习活动。分析学生学习的过程，或者在知识结构中所学会的学习方法更加重要，不能仅仅依靠成绩来评判学生。从另一个层面看，建构主义最重要的就是可以将学生作为评价的主体，不能让学生被动地接受知识，而是要主动地学习。在形成性评价中，学生要具备自学的主动性，同时也要帮助学生学会如何建构。

2. 建构主义理论与档案袋评价的关系

档案袋评价作为形成性评价的一种形式，是一种新型的质性评价工具，与建构主义的理念一致。有专家通过实践与理论论证，认为教师在学生学习过程中应当发挥促进知识整合的作用，帮助学生将脑海中散乱的碎片知识组织到一起。这种评价方式可以从更具有系统性的角度对学生的作品进行有效收集，评价和记录其动态学习过程，让学生更加积极主动地参与到整个学习过程中。而且学生在评价的过程当中，作为最重要的参与者，需要他们更有效地实现自我反馈，这种方式和建构主义所提出的相关理念较为一致。

（二）自主学习理论

1. 自主学习的概念与特征

20世纪90年代起，自主学习便已受到教育心理学研究者们的普遍关注。研究者们纷纷围绕着自主学习的概念展开研究，并形成三种主流观点：

第一种观点主张，自主学习可以视为一种学习模式，或者可以认为是一种学习方式。比方说，自主学习属于学习方式的范畴，是相对于他主学习来说。自主学习指的是学生的学习由自己做主。自主学习，主要指的是学习中能够对自己学习进行指导并掌控的一种能力，其属于一种内在机制，综合学习者本身对待学习的态度、学习能力、学习所采用的策略等于一身。无论是学习的目标、内容还是学习的方式和学习资料，均在学习者的掌控之中。自主学习，主要指的是学习者接受教师指导，在总的教育框架下，立足自身实际订立学习目标的一种学习方式。

第二种观点主张，自主学习即自我调节学习，主要指的是学习者为达到提高学习效果、完成学习目标，进而积极主动对自身认知、动机以及行为加以调节的过程。

第三种观点在对自我学习做出界定是从横向和纵向两个维度进行。站在横向层面来定义，也就是通过学习不同侧面进行定义，无论是学习东西、内容还是策略、时间，都是学习者自主进行的。同时学习者还会创设良好的环境以便更好地学习，并对自身学习情况从主观方面给出评判；在学习时可自主的对学习情况和方法进行监控、反馈以及调节并对学习结果自主进行检查、总结、评价及补救。

总结出来，自主学习，主要指的是学习者可以对学习内容、方法、强度、学习结果评价进行自主决定的一种学习方式。对于学习者来说，其能够对自身的学习习惯以及能力加以指导，并进行调节和控制。

关于自主学习的概念界定，学者们并未形成共识，为此，涉及自主学习特征描述方面自然也就不同。有专家在其所进行的相关研究中指出，自主学习者具有三个方面的特征，具体归结为：一是具有较强的元认知能力及能在相应行为中运用自我调节策略；二是能监控学习方法或策略取得的效果情况并能结合反馈情况来调整自身学习；三是知道在什么时候应该使用哪一种学习策略，或者是做出合理的反应。自主学习者体现为七个方面的显著特征：一是能选定自身的学习目标并朝着该目标而努力；二是能结合自身实际设置挑战性目标，据此来激发自身的潜能；三是竭力追求成功的同时，对失败也能接受；四是知道应如何充分使用课堂学习资源，能对自身的学习进行调控；五是能与他人开展有效的合作学习；六是注重建构及强调学习的创造性；七是自我责任感强，能管理自身学习及进行相应评价。但是也有专家持不同见解，认为自主学习者主要体现为四个方面的特征：一是当他人给自己提供信息时能积极反应，主动创设学习策略；二是能正视自身存在的不足之处，能调控自己的学习行为；三是能依据相应标准来评价在学习方面所取得的效果，如有必要还会调整自身的学习目标；四是面对外部情境以及自身特征带来的影响不会慌乱，对此可进行调控，据此推动学业成绩实现提升。

2. 自主学习理论与档案袋评价

自主学习中，无论是学习内容、学习所采用的方式，还是学习强度，抑或是学习结果评价，均可以由学习者自主决定。通过开展自主学习，学习者可以对自己的学习成果加以计划、控制，可以随时检验成果、调整进度。档案袋评价有助于学习者对自己的整个学习过程加以计划、控制，并可以帮助其树立良好的学习习惯，根据学习情况调整学习进度。档案袋评价这一方式中，学生所扮演的角色不是被动的、填鸭式的吸收知识，而且积极主动地参与到学习中，能够自发地开展学习。可以说，档案袋评价是自主学习理论落实在实践中的一项重要载体。

（三）多元智能理论

1. 多元智能理论定义

霍华德·加德纳（Howard Gardner）最早在 20 世纪 80 年代初期，就针对人类智力方面进行了多元智能理论的提出，在他的观点中，人类所具备的智力可从 7 个角度进行分析和对比，包括日常可见的语言和空间以及社交等相关要素，除此之外还涵盖了音乐和运动等不同内容。1999 年，Howard Gardner 又对之前的理论进行增补，认为还存在"认知自然"的第八种智能，以及第九种智能，即：存在智能。

这一理论更重视人与人之间的差异，所以学习者在学习的过程当中，要从多个角度对其进行评价，不能仅仅依靠最终的成绩作为评判的标准，也就是说，教学和评价同时进行，穿插交互，而不是传统意义上教学与评价互相独立存在的状况，其教学理论具备下列特点：

（1）教学过程的生成性：是指建立理解性课堂教学。加德纳的观点是学校要重视其他方面的资源使用，除学校的相关资源外，还需考虑社会环境当中的其他有效资源，以此为基础提高整体教学质量，达到更好教学成果。

（2）课程设计目标的整体性：学校的课程设计目标就是要求帮助每位学生开发多种类型的智能，为所有学生的成长和发展提供"多元切入点"，让学生能够在学习的过程当中具备独立思考的能力，同时还可更切实际的解决所面临的学习难题。

（3）学生角色的主动性：在课堂教学过程中，多元智能理论强调学生参与其中的积极性，自我评估的重要性。由此可见，多元智能理论注重学生在教学中的主体性和主动性。

多元智能理论在提出之后，针对传统的教学方式发出挑战，进一步改变了学校的教育教学方法，从测评的角度了解学生的实际情况。首先从实践的角度分析，大多数学校更加重视学生的语言或者思维逻辑方面的培养，但并不考虑学生在智力方面的开发。所以，很多学生在日常的生活中容易接受体验式的教学，而不考虑问题所在的根本。其次，传统的教学理念是以标准的教学方式为主，所以对学生进行评估时，以成绩为定论，这些做法就会忽视学生在学习过程中心理以及情感方面的变化。再次，我国的传统教学理念所强调的内容是教师为主体地位，并不考虑到学生的实际情况。对于任何学习来说，学生才是整个学习当中的主体，所以在多元智能理论当中，开始重视多元化的评价方式，以此为基础促进学生的进步，为教育评价方式的变革提供新方法与新思路。

2. 多元智能理论与档案袋评价的关系

档案袋评价在一定程度上与多元智能理论的教育理念是一致的。首先，档案袋评价能够记录学生在学习过程中的反馈表现。从全局视角出发，这种方式可以提高学生的智力水平，还能从情感和价值观等多个角度促进学生的全面发展，实际上任何的教育教学活动都需要选择多样化的评价方式，而档案袋评价更能呈现出客观内容。学生存在个体差异，其学习能力的强弱不同，学习能力的偏好各异，个体知识发展背景更是千差万别，性格不同亦导致其兴趣差别巨大，因此应当寻找建立更准确的评价标准，这种标准应当能够充分考虑到学生个体差异并予以包容，这样才能对学生的知识与能力给出更为客观的评价。通过比较分析，可以看出档案袋评价的本质符合多元智力理论所倡导的评价思想，故多元智能理论成为档案袋评价的重要理论依据。

（四）元认知与自我反思

1. 元认知的定义

1976年，Flavell在其研究中最先提出"元认知"这个概念，指出所谓的元认知，是指主体对自身认知活动具有的认知。1981年，他进一步界定元认知的定义，认为元认知是指反映或调节认知活动任何一方面的知识或认知活动。据此可得知"元认知"存在3个关键点：其一，是一种认知心理活动；其二，思维活动及学习活动是该活动的对象；其三，这种活动是学习者本身进行的自我反思活动。

在这之后，学者对元认知进行深入解读，得出不同的观点。有学者在其研究中认为，所谓的元认知，是指主体对思维方面的知识以及监控与调节自己思维的过程。有人则指出，元认知实际上是指主体对自己知识的了解，以及对自己认知系统进行的控制。

尽管学界未能就元认知的定义描述形成共识，但在元认知的本质认知方面则基本能形成共识，认为是对认知的认知。元认知的对象是认知本身。一方面元认知是相对静态的，是主体自身对学习活动的理解，以及对相关因素的解读，具体包含静态的认知能力，以及动态认知活动的知识，被认为是一种知识实体。另一方面元认知也是动态的，具体而言，是主体自身对当前认知活动形成意识与调节的过程。

2. 元认知与档案袋评价

就以上针对元认知给出的定义可以了解到，英语写作中，元认知可以从学生对写作从意识到调节的全过程中得以体现。在写作前，学生应制定策略、做好准备工作，在写作中监督控制自己的行为，在学作完成后对写作过程做出评价并调节。这一整个流程中所涉及诸多因素均为元认识的要素所在。本文所研究探讨的写作自我反思过程从本质上来说也可视为元认知的一项重要表现。学生借助写作的过程达到自我反思的效果，填写反思表格对写作做出调节。随着反思的进行，学生能够准确定位自身的写作能力，找出优势和短板，了解什么样的作文属于优秀的范畴，进而对自己的作文给出准确评价。档案袋评价实验期间，学生通过持续性的自我反思掌握了元认知策略。举例来说，日常开展英语学习时会制定计划，重视课外读物的阅读，日常学习时会刻意积累短语等知识。写作时会先对文章的结构进行构建，会先打草稿，也会关注自身的情绪是否可以完成写作等。

（五）过程写作理论

1. 过程写作理论定义

20 世纪 70 年代，Wallace Douglas 提出了一种称为过程写作的理论，彻底颠覆了传统写作中教与学的过程。在 Douglas 看来，写作课程中，教师应该按照步骤去教学生如何去实现写作，详细到每一步的具体实践方法。

写作往往是学习者寻找自身写作问题并努力解决的实践过程。过程写作理论将写作活动看作是学生反思的良好时机，需要学生积极主动地参与到其中。而教学在这一过程中的作用是引导并协助学生开展写作活动，只有教授给学生写作方法与技巧，并敦促学生不断实践，他们才能够掌握这些方法与技巧并将其运用于解决自身写作问题上。

过程写作的各个环节应该是互动的，交叉的，而且都应该具有潜在的共现性。写作的过程可以按照时间顺序分为三个阶段，即写作前的计划工作、初稿的完成以及最终的修订。外语课堂为学生自由交流提供了良好的氛围。将其引入写作的具体过程大致可以划分成为写作前期准备（planning）、初稿的写作（drafting）、在初稿基础上的修改（revising）、针对终稿的校订（editing）四个阶段。在这四个主要步骤外，还有可能会在初稿完成后加上修改问题的反馈（responding）、修改稿的评价（evaluating）以及完成后的后续环节（post-writing）等几个重要阶段。过程写作理论的课堂教学重点主要是合理划分活动小组，引导其中的每位学生主动发现和探究解决自身可能存在的写作问题。这一理论更加重视对学生潜能的开发，通过多样化的方式，使得学生在日常写作过程中可以真正地发现问题，并逐步地探索解决问题。学生写作能力的提高，必须重视其写作思维的培养，以及对写作问题的认知和反馈的能力。

在写作课堂中多次进行反复的讨论修改和交流评价。过程写作理论着眼于激发学生的潜在能动性，重视学生在写作批改时的发现、探索，目的在于培养其写作思维与反馈能力。

2. 过程写作理论与档案袋评价的关系

过程写作理论通常涉及四个步骤，首先要对过程进行准备，然后起草和修改，到最后要对问题进行整体讲评。初期准备阶段，老师需要提出相关信息，让学生依据信息对写作内容进行一定程度的了解和分析。然后进入到起草的过程中，学生会完成一整篇任务，在写成作文之后进行文章的修改。学生在修改完成之后，老师还需要再次对学生的写作内容进行批改，最终定稿。在评价过程中，教师在批改学生作文后需要解释原因，这与评价同样重要。这四个步骤应相辅相成，贯穿于整个写作过程。英语写作教学中采用过程写作理论符合档案袋评价的本质。与档案袋评价类似，这一概念以学生为中心，注重写作过程，强调学生发展，帮助许多教师弥补了终结性评价的不足。因此，档案袋评价与过程写作理论的理念是吻合的，这一理念支撑了档案袋评价在教学过程中的实践与应用。

三、档案袋评价对英语写作教学的影响

（一）档案袋评价的应用有利于提高学生英语写作能力

档案袋评价有利于提高学生的英语写作能力，尤其是在单词使用、语法运用以及内容表达等方面；同时，使用档案袋评价也可以使学生的语言组织和衔接能力也得到了迅速提高。因此，档案袋评价的应用可以从多方面帮助学生提高英语写作能力。

（二）档案袋评价的应用有利于激发学生的英语写作兴趣

档案袋评价可以激发学生的英语写作兴趣。写作档案袋中提供了学生近期的学习动态以及进步记录，学生从中获得了写作成就感，写作兴趣与自信心也得到了提高，进而继续努力。更重要的是，档案袋展示会的举办让许多学生获得了来自教师与同伴的鼓励和赞赏，极大地推动了学生的写作动力。因此，档案袋评价的应用有利于激发学生的英语写作兴趣。

（三）档案袋评价的应用有利于培养学生的反思意识

档案袋评价为学生提供了评价的主动权，在评价过程中，多元化的评价方式给学生提供了相互讨论的机会，学生不仅可以从同伴的作文中取长补短，不断反思，还可以正确、清楚地的认识到自己英语写作情况，以便设定之后改进的目标。每个学生都拥有属于自己的英语写作档案袋，学生思考将哪些材料保留在写作档案袋的过程，也是自我反思的过程。由此可见，档案袋评价的应用有利于培养学生的反思能力。

（四）档案袋评价的应用有利于完善教师教学的评价体系

档案袋评价的应用可以完善教师教学的评价方式。档案袋评价以其多元的评价主体、多样的评价形式、多维的评价内容为教师提供了实时、有价值的学生写作情况，帮助教师不断提高教学效率，完善教学评价方式。此外，教师还可以根据学生的实际英语写作情况及时调整教学计划，针对性地进行教学，使英语写作教学更合理、更科学。因此，档案袋评价的应用有利于完善教师教学的评价体系。

四、档案袋评价应用高校英语写作教学的建议

（一）合理利用档案袋，鼓励学生用英语写作

在英语学习中，练笔少和没有形成良好的写作习惯是大学生产生写作焦虑的原因之一。教师要求学生每天写一篇英语文章是不太符合实际的，但可鼓励学生进行英语随笔，可以是一个词、一句话或者是一段感悟。教师可指导学生合理利用档案袋，在档案袋中另外开辟一个随笔区域，供他们存放自己日常学习中的一点小想法、小体会。写作便是这样一个积累的过程，涓涓细流终将变成大海，在教师的有意培养下，当学生习惯用英语进行写作时，写作焦虑自然也将迎刃而解。

（二）自创写作评分细则，丰富评分标准

评分标准是进行教学评价的基础，因此，明确写作评分标准在实施档案袋评价中至关重要。教师应结合四六级写作评分标准以及本班的实际写作情况，根据学生写作高中低三个不同层次，创造适用于学生的评分细则，以期能更好地评价不同水平学生的进步，让高水平学生乐于挑战，低水平学生不失信心，从而降低不同水平学生的写作焦虑。

(三)定时回顾档案袋,提高学生写作兴趣

写作不是一项一蹴而就的工作,需要及时去回顾、总结和提高。然而,大部分学生写作完后,便将自己的作文丢掷一旁,不再翻阅。写作档案袋虽然有效整理了学生的作文,但大部分学生在学习方面仍具有一定的惰性,不会时常去查看自己的档案袋。因此,为避免写作档案袋流于形式,教师应带领学生对写作档案袋进行定时地查阅、复习和综合评价,以增强学生使用档案袋的频率及效率,提高学生的写作兴趣,从而降低写作焦虑感。

第六章　高校英语写作教学的现状及问题解决

目前，虽然高校英语写作教学的得到一定的进步。但是在不断的发展中仍然暴露了一些问题，对现今教学状况以及问题的分析，有利于我们找到更加有效的办法解决当前的困境。

第一节　高校英语写作教学的现状分析

一、写作教材的编写具有合理性，但很多方面仍有待改进

目前我国高等院校中的非英语专业的大学英语课程中，大多数都没有设置专门的写作课程，而是跟阅读结合在一起，统称为综合英语课程或者英语读写课程。作者认为这样的课程设置有其合理性，因为写作和阅读有着极为密切的关系，写作时必须运用英语思维与大量的阅读。但是，在英语写作的教材编写层面上仍存在不少的问题：第一，很多教材中写作的训练不是针对该单元的阅读文章的类型，这样学生通过阅读获得的语感就不能在最短的时间内表现在写作这个输出语言的环节上，也就是说阅读和写作没能很好地结合。第二，很多教材中只是生搬一些西方的写作理论，写作题材集中在记叙文、议论文、说明文等普通类型的写作，而忽略了用于工作和生活各个方面的应用文写作，如书信、商务英语写作、说明书等等，这些恰恰是很多非英语专业的学生最感兴趣的，也是非常实用的。

二、我国英语写作教学的应试教育现象严重

目前大学的英语测试的重点放到了四六级的考试上，四六级的作文要求基本上是写一段三段论，并且这种模式很多年都没有什么改变，长此以往，大多学生会认为英语作文就是三段论的模式，并且是有模板可以去套用，有范文可以去背诵，没有自己的创新和思考，一味地去拿高分，这样做的后果是学生的写作水平

并不会得到提高，同时也扼杀了学生的创造力，使其不会用写作表达自己的思想。

三、写作教学方法单一，难以调动学生写作的积极性

讲授法是教师最常用的课堂教学方法，往往是教师讲解一个写作理论，然后辅助一些练习题，或者布置学生课后完成一篇相关的作文。在教师的讲解过程中，很多教师只注重理论的讲解，而缺乏探讨和启发，学生只是一味地接受，而写作理论又是很枯燥的，所以很容易造成学生对英语写作课的厌倦情绪。

第二节 高校英语写作教学的问题描述

一、高校英语写作课时设计问题

在一般高校，大学英语只是单纯地被认定为一门课程，至于大学英语阅读教程、大学英语写作等等教学内容则全盘灌入大学英语综合课中。

英语写作只是作为大学英语综合课程的一个部分被纳入到大学英语教学过程中，教师一般只是在每单元课后写作训练讲解过程中简单描述一下本单元的写作技巧或要领。这种以课文学习讲解为主体的教学模式，严重限制了大学英语写作教学。

二、学生写作存在的问题

词汇是英语写作中最为基础的内容。一篇好的文章首先必须有充足的词汇。正如一栋好的建筑，它是由诸多的砖瓦构成，词汇就是文章里的砖瓦。对于非英语专业的学生而言，词汇问题显得尤为重要，这也是非英语专业大学生头疼的问题。词汇问题首先是词汇缺乏。按照《大学英语教学大纲》的要求，二年级下学期时精读量8000—9000词，泛读量36000—40000词。实际上许多学生的词汇量根本没达到这个标准。

语法方面，除了英语专业的学生，非英语专业的学生并没有机会接触更多的语法教学，大学的课程设置和教材设置也很少涉及这方面，所以学生的语法水平可能会随着时间的推移逐步忘记中学时期的基础，水平会逐渐降低。

语篇对于学生的写作而言，意义也是很大的。即使把握了一定的词汇，也能

正确组词造句，但是写作是一个整体工程，作文的形成就如同一栋建筑物的建设。把握篇章结构的能力将直接影响到作文的好坏。由于课时紧等原因，对于语篇教学，教师在教学过程中无力兼顾。

三、没有专门的写作课及合适的写作教材

因为大学英语课课时有限，写作教学归属在精读课教学中，教学时间被挤，所以写作始终未被当作独立课教学。而精读课教师为了完成任务量，要讲授词汇、语法、练习，用于写作讲授的时间就很有限。此外，很多教师忽视了精读与写作之间的互相关系，学生在精读课上并没有从学习课文的过程中学到如何分析文章的篇章结构、写作技巧和方法。大部分教材将写作放在每个单元的课后练习部分，而这些练习缺乏相互关联、不系统，没有专门的句子和段落写作的练习，因此很难收到预期的教学效果。

第三节 高校英语写作教学的对策研究

一、强调写作的重要性，激发学生兴趣

英语写作是一项应用性很强的课程，目前很多学生毕业后要到外企工作，能够熟练地用英语写作、表达自己的想法就成了当务之急，教师在教学时要有意识地强调英语写作的重要性。此外，唯物辩证法认为事物的内因是事物自身运动的源泉和动力，所以学生学习的兴趣和积极性是写好英语作文的首要条件。教师在授课过程中，要采取灵活有效的教学方法来激发学生学习的热情。

二、重视英语写作教学内容变化

鉴于学生在英语写作教学方面存在的诸多困难，加强英语写作基础知识的教学已经成为英语写作教学内容改革的重要部分。教师要从词汇教学入手，引导学生提高英语单词的储备量，立体分析与理解英语单词，从形态与词义、应用等方面对英语词汇进行认识。教师要引导学生正确进行词汇的拼写，了解英语词汇词性，利用思维导图来丰富其对于单词的认知，了解相关短语与句式表达。教师要帮助学生建立正确的英语基础知识学习理念，从英语词汇教学过渡到短语句式学

习，再从短语句式学习延伸至语法学习。综合英语基础知识的学习与语境应用，教师可以利用语境的创造来丰富学生的头脑，为学生积累更多的英语写作素材。比如说在学习 bear 之时，教师可以引导学生对其拼写与意义进行了解，从名词与动词方面进行用法的引导。教师可以利用例句使学生进行词汇的运用，诸如 I can not bear your noise（我不能忍受你的噪音）等等。

三、重视英语写作教学模式丰富

加强英语写作教学模式的丰富，对于英语写作教学成效的提高具有重要作用。教师可以利用师生互动与生生互动来活跃英语写作课堂的氛围，利用多媒体等先进的教学手段来丰富教学模式。在进行日常写作教学之时，教师要利用英语进行教学，使学生在英语应用氛围下学习英语的使用方法。比如在进行"computer"为话题的写作教学之时，教师可以利用师生互动来对话题进行扩展，从而为学生提供更多的写作角度，使学生在写作之时具有更多的选择。在外语教学中，将阅读或翻译放在聆听之前，即聆听之前就给学生教授、解释或翻译单词，短语等，将不可避免地屏蔽或剥夺大脑对新语言的加工学习功能，包括极其重要的统计模式学习的心理加工过程。

四、重视教学课程的改革

（一）关注写作过程

传统公共英语作文教学以大学英语四六级考试为导向，通常先由教师布置作文题，进行写作指导，提供相关词汇句型及写作大纲，然后由学生完成写作，教师批改后进行评讲。教师评分的主要依据是表达的准确性，教师的评讲内容也围绕语法和词句展开。这样的教学方式关注的是文章，即学生写作的结果，而不是学生写作时的思维过程。在面对教师布置的题目时，不少学生抓耳挠腮，无从下笔，如何搜集素材、如何开篇、如何论述、如何结尾等都是困扰他们的问题。但遗憾的是，大多数时候教师只是通过作文前的讲事和作文批改后的评述对学生予以指导，并未重视这个最让学生一筹莫展的写作过程。同时，由于教师对语言准确性的关注，学生关心形式多于内容，大而忽略文章的逻辑性和内容的思想性。

写作清单是教师管理学生写作行为的重要媒介，包含写作内容、表达方法写作策略方面的知识。课程的写作清单分为三部分：篇章框架、写作要营和语言运用。篇章框架部分包括：怎样在预写作阶段选定主题，确立写作思路；怎样写中心论点句；怎样写开头段；怎样用论据段的主题句表示分论点；怎样论证分论点；怎样写结尾段和题目。确立文章框架之后，写作要素部分引导学生关注文章的细节：分论点之间及分论点与中心论点之间是否衔接自然、文意流畅；论据本身是否生动充分。整个文章完成后，再带领学生关注词汇语法层面，比如中国学生常见的错误、搭配、句型结构等，以达到表达的准确性。

过程写作教学法是符合我国目前公共外语写作教学的现状的。一方面，学生互评减轻了教师的批改负担。由于班级人数众多，教师有限的精力不可能对每一个学生的每一次作文给予详细的批改评价，他们只能给一个分数或者是简短的评语。对学生而言，这样的反馈空洞、抽象，学生无法从中获得有效的信息改进下次写作，"教"的效能极其低下。而我们提供的写作清单为学生互评提供了评判依据，教师可先将初评工作交给学习共同体，由同学依据写作清单提出建议，然后总揽全局，有意识地关注个别重点学生，及时给予针对性的指导。另一方面，整个写作过程分成几个学习阶段。每个写作阶段的评分标准不再仅仅与字、词、句的准确性相关，还包含写作的其他方面，如内容是否充实，逻辑是否严谨，衔接是否自然等等。这样的评分标准不仅有助于引导学生关注文章的逻辑性和思想性，还可以给予英语语言水平不高的学生适当的鼓励（只要内容合理、逻辑清晰，也可以拿到漂亮的分数），有效提高"学"的效能。

由此可见，我们的课程设计采用过程写作教学法，教学目标从关注学生写作的结果转为关注写作过程，以写作清单和合作学习为核心，鼓励、引导学生以合作学习的方式参与写作过程，在这个过程中运用程序性写作知识解决写作问题，从而真正实现从以"教"为中心向以"学"为中心的转变。

（二）对整合线上线下教学

长期以来，大学英语教学设置中缺乏专门的写作课程。作为非英语专业的大学生，对写作这一重要技能的学习与掌握，无论是在时间还是在内容方面，都相当匮乏。传统的公共英语教学将侧重点置于课本精读这一方面。就写作而言，大多停留在学生间或完成一篇平时写作，教师反馈、部分反馈或无反馈。教师的反馈程度往往取决于授课班级人数，而公共英语的目标人群又决定了每位教师每次写作任务将面临一两百份乃至更多的作业。教师如果认真批阅，对时间和精力都是极大的挑战，而讲评修改又势必挤占正常的综合教学时间。这种情况就注定了传统公共英语教学中，写作地位边缘化，写作作业通常只会偶尔为之，且反馈有限，缺乏后继反复修改，甚至有可能平时作业也不涉及写作。如此一来，学生对于写作的概念，就仅限于考试时写作文了。这显然对提高写作水平无任何裨益。

近年来，社会各方面的发展对公共英语教学提出了更高需求。根据2007年教育部颁布的《大学英语课程教学要求》，课程目标旨在提高学生的英语综合应用能力，这就涵盖了一直不受重视的写作技能，促使部分院校在课程设置上，针对非英语专业的大学生增加了相对专业的写作课程。然而，传统的英语写作教学模式依然是教师通过有限时间的课堂讲授，利用教材、板书、PPT课件等来完成知识传递，学生通过在课后完成作业来达成知识内化。课堂教学中的两大主体——教师和学生，真正发挥作用的只有教师，学生处于鼓动输入状态。这种以教师为主体的单向的知识输入模式缺乏教学互动性，有时学生的学习兴趣促进作用有限，从而导致学生的积极主动性不足，写作水平提高缓慢。

写作是一种输出性技能。传统的英语写作教学模式强调写作知识的输入，受限于课程、时间等方面，学生无论是在课堂还是在课后，实践写作技能的机会都有限，并且往往只限于完成作业。在此背景下，传统写作教学模式难以适应课程的更高需求，必须进行改革提升。

网络的急速发展带来了信息爆炸，世界已经步入了互联互通的大数据时代。这对社会的方方面面产生了难以估量的影响，同样也给英语写作教学提供了足量的资源和依托网络的全新教学模式。

正如前面所言，写作属于输出性技能，而掌握这一技能的前提是进行输入性学习。传统模式下要完成教学内容，课时不足，输入有限。这就需要转换教学模式，对以教师为单一主体的课堂教学模式加以调整，激发学生的积极性、促使学生同时发挥主体作用，两大主体相互交流讨论，构建更加有效、更加活跃、更加和谐的教学环境。

在教学模式上，教师将原本用于课堂教学的各个写作知识点录制成视频发布到网站（如微课、慕课、雨课堂等），要求学生在课前观看自学。由于网络媒介的独特性，学生在观看视频的过程中就某个疑难问题，既可以记录下来留待课堂解决，也可以反复观看，加深理解。这样，教师就可以把课堂的理论教学时间腾出来，用互动式的讨论解决学生在写作中遇到的问题，这不仅提高了教学效率，而且也优化了教学效果。这种翻转课堂式的教学模式将知识传递从课内移至课外线上，将知识内化从课外移至课内，即将这两个过程所占用的时间和空间反转，教师提供预先录制的网络教学视频，学生在课外时间展开在线自学，从"先教后学"变成了"先学后教"，课程从侧重知识传授转移到了知识运用上，整个教学过程也从教师单一主体的内容灌输转化为教师学生双主体的互动交流。

　　一方面，在网上自学过程中，学生可自主安排学习的时间和内容，根据自身实际情况，对较难的知识点反复学习，有效提高学习质量。学生不再被动地接受知识，而是在整个混合教学过程中不断地主动构建知识框架，强化有意义的输入，完成符合要求的文本输出。另一方面，教师转化为课堂教学活动的引导者和辅导者，学生转化为积极主动的参与者，师生之间、生生之间交互的时间和频率大大增加。此外，教师使用微信、QQ等软件在线上与学生形成交互，从而有更多机会自由充分地探讨写作中的问题。这种利用网络将传统教学模式与线上教学相结合的混合式教学法，通过合理整合线上线下的教与学，不仅能够充分发挥教师主体在教学过程中所起的引导、启发和监控作用，而且能够激发学生主体的积极性、参与性和创造性。

　　我们制作的"实用英语写作"课程的慕课教学视频，通过较为详细的线上讲解，学生利用课外时间在一定程度上掌握相关写作知识，教师能够将课堂的时间用于解决学生在写作过程中遇到的疑难，增强课堂互动，启发思维，切实提高学生的写作水平。

（三）多方评价体系

　　传统的公共英语写作评估主要是对学生的作文按优劣等级层次进行总结性打分，对学生分别存在的问题等方面反馈严重不足，难以系统地对学生进行各阶段学习情况评估，这导致学生对所处状况缺乏清楚的认知。同时，学生在整个评估体系中处于被动地位，难以充分意识到自身问题所在并进行针对性地改进和提高，其积极性、差异性都难以体现。这就极大地限制了教学的效果，学生学得累，教师教得也累。

　　这种单一的评估模式越来越难以满足大学英语写作个性化的需求，而评价手段的多元化可以提高评价的科学性和有效性。在大数据时代，信息技术与教育的深度融合将给外语教学带来系统性变革，对教师角色、学生角色、学习材料、学习环境及教学评估和测试等方面产生了深远影响。因此，在英语写作教学中将教学与信息技术相结合，发挥相关网络平台所具备的优势，是写作评估革新的一个重要内容。

　　利用网络智能作文评阅系统，如批改网等，在学生将作业提交至网络后，由网络评估系统先进行初步评价，对语言浅层方面，即词汇、语法等基础性内容进行检查，并生成相应的评语，这个任务机器可以较好地完成，从而节约教师的大量时间。

  此外，同伴互评也是评估体系中不可或缺的组成部分。这种方式有利于学生主动去寻找问题并避免自身犯同样的错误，有利于激发学生的主动性和积极性，有利于养成学生的写作思维能力。当然，同伴互评应当构建在网络基础之上，所有学生都可以以实名或匿名方式，利用相关软件或程序，在开放式的网络背景下，在集体学习的环境中，对其他同学的作业加以评估和探讨。这样，学生就能在纠正他人作业或受限于自身水平仅能提出质疑的同时，借鉴他人的闪光点，从他人的词汇运用、结构框架、内容构建等方面学以致用，共同提高。

  最终评价学生作业的内容、句法、结构、逻辑性等方面是否合理有效、是否达到了英语不同格式写作的形式要求，则需要由教师来进行，这也是整个写作评估体系中最重要的组成部分。对写作课程的教学模式加以改变之后，课堂教学将主要用于教师评讲及师生协作讨论。在这样的教学模式下，学生在预先了解教师评价的基础上，可以积极地、有的放矢地提出问题，提供解决方案，加深对写作要素的认知，而教师也可以更加明确地把控学生的问题所在及改进程度，从而适时调整教学内容与方案，对不同学生的个体差异提出更具针对性的指导，进而更为有效地促进学生写作水平的提高。

第七章 当代高校英语写作教学的创新与变革

随着"互联网+"时代的到来,各种智能终端技术逐渐融入教育领域,持续推动着教育领域的进步与革新。在大数据时代下,对于高校英语写作教学,教师既要摒弃传统的教学模式,又要对现有的教学模式进行创新。无论是"互联网+"模式还是翻转课堂模式以及生态学视角都对高校英语写作教学做出了一些创新变革,促进了教学的发展,这也鼓励我们高校英语写作教学的多领域创新。

第一节 "互联网+"与高校英语写作教学的创新

一、"互联网+"概述

(一)"互联网+"定义

2012年的第五届移动互联网博览会上,易观国际董事长兼首席执行官于杨先生提出"互联网+"这个概念,并且从经济学角度深层剖析了什么是"互联网+"。"互联网+"的这个概念虽然很早就提出并且受到了各行各业人士的广泛关注,但是这一概念至今在学术界没有一个所有人共识的定义。李克强总理曾提出新时代的互联网其实是一个新形态、新业态,创新2.0背景下的产物,是创新驱动下的一个新的演进形态。大家的意识当中"互联网+"指代的是一种大数据等为代表的信息技术,然而"+"则代表的是一种互联网与各行各业的结合,用互联网的方便快捷的特点来为实际的线下行业作服务。在对"互联网+"的应用范围研究的过程中不难发现目前第三产业正在快速地利用互联网技术形成"互联网+旅游""互联网+医疗"(如远程医疗会诊,远程手术等等),"互联网+教育"(例如疫情防控期间不能上学,我们坚持的停课不停学等),"互联网+金融"(如在网上进行股票基金交易等),"互联网+酒店住宿"。这些都方便快捷,并且在一个设备终端几乎可以了解全部的信息。在"互联网+"深度发展的时候,形成了如网上购物，网上预约专家，网上学习英语，网上买火车票，网上买电影票等等的方式，这不仅使需求侧的人更快捷方便，也大大提高了线下产业的销售交易的量。对于"互联网＋"的看法每个行业有自己独立的见解，但总之"互联网＋"是新的信息技术在现在的各个方面的相互融合与相互配合的过程，使之成为当下的"新常态"。

"互联网＋"的目的是为传统行业服务，因此，"互联网＋"传统行业是新形势下传统行业的延续和发展，是将各构成要素进行重新组合和叠加起来的纽带和桥梁。

（二）"互联网＋教育"的含义

其实"互联网＋教育"不是仅停留在"在线教学"的这一方面，如果这样的话，那将太狭窄。而不同的学者对于这个东西的理解是不同的，但正确的方向该是互联网为教育事业服务而不是教育事业在迎合互联网。以往的研究成果都是将"互联网＋教育"定义为用现代化信息技术运行的新型教育形态，是现代化电子信息上的教育。这种形态提倡以学生为主体，教育者和被教育者，教育者与学校之间用现代信息技术进行相互交流，这样大多数人还是能够接受。"互联网＋教育"的研究进程中，这种快捷的方式会有很多种，比如"互联网＋教学内容""互联网＋教学评价"等等。这种融合能比较深入地渗透到教学的各个方面去。目前的教育系统在互联网的连接中变得更加详细更加优化。从互联网内涵和教育的本质来看，"互联网＋教育"并不是传统教育的对立面，而是将传统教育的优势与互联网的优势相互结合来提高教育教学水平。教育事业与现代科技联合起来的时候，互联网是可以对传统教育起促进作用的。传统的教育模式是学生与老师在教室里面对面进行授课。目前的"互联网＋教育"是学生和老师利用一个互联网的媒介链接在一起，不管距离多远都可以进行授课。并且这样的链接没有时间和地点的限制，也可根据自己的喜好来选择课程。这种新型的教学模式是以学生为中心的教学理念，并且是一种在原有基础上的创新。

（三）"互联网＋教学"

互联网上资源种类比较多，并且相互之间交流下载不会有太多的限制，交流时也不会限制地点，这种模式对传统教学活动中教育者和被教育者有比较重要的影响，也必然使基本的教学内容产生组成方面的变化。随着互联网的飞速发展以及互联网在教育方面的应用不断地深入，在这样的环境之下教学方面的改革已经成为不可逆的趋势。在"互联网＋教学"的研究过程中以学生为中心的模式已经成为大多数教育者的选择并且有研究指出互联网与教学的结合从教学过程的实施，教学资源的配置、受教育者的接受方式等做出改变。互联网与和教育教学的结合以及实施线上与线上线下混合的教学模式是近几年应该加以研究的时代信息化教学方向，应建立形式多样内容丰富的，方便快捷的信息化教育教学平台。从教学的实施转变观念来看，"互联网＋教育"的教学模式是要重构传统的教学观念，而传统的教学观念教学方法手段等等都比较老套，并且传统教学观念认为课堂只是一个知识的传递场合，没有考虑"互联网＋"模式的转变之下从社会服务的需求方面去培养学生。从"互联网＋教学"模式的具体实施方式来看，需要与课程相结合，才能提高教学过程与接受教学过程的效果，在高校英语教学的过程中要和英语课程相结合，从社会服务需求的角度，来打破目前英语教学的困境，建立起英语教学的自己的模式。可以借助手机APP、视频课，在线网络平台实现计算机课程的上课过程中与课下的充分联合，对教学内容进行扩充，构建起属于计算机专业的教学模式。在"互联网＋"背线上线下融合将是现代化社会的必然选择，学术界也做出了积极深入的研究，但也还停留在理论层面。比较具体的已经实施手段也还没有，但这也是我们努力构建"互联网＋教学"的目标。"互联网＋"的提出与教育部提出的《全国普通高等学校体育教学指导纲要》是二十一世纪体育教育的航向标。

二、"弹幕"应用于高校英语写作教学

（一）"弹幕"起源

弹幕，是依托于互联网发展出来的评论性文本，指的是在同一时空中，观众在观看视频时发射出的、从左至右以滚动的方式呈现在屏幕上方的、有字数限制的简短评论，大量的评论从屏幕上方滑过，形似军事中密集且集中的子弹幕布，因此命名为"弹幕"。弹幕最早出现在日本的动画《机动战士高达》，在"二次元"文化圈的活跃之下逐渐流行起来，比如深受"二次元"喜爱的射击类游戏中，后因《粉雪》歌曲视频在以"宅文化"为主的Niconnicon网站正式"出道"，因此Niconnicon网站被称之为是弹幕视频网站的始祖，而《粉雪》则被认为是弹幕视频的"处女作"。网站用户边观看视频边发表评论，大量的评论从视频上方滑过，将原视频内容遮盖住，此观影模式充分尊重用户的创造能力，深受日本广大青年群体的欢迎，"弹幕"的影响力也随之逐渐扩大，甚至流传到海外市场，如中国二次元市场，成为足以影响主流文化的强势亚文化。

(二)"弹幕"的特征

1. 实时反馈

人是社会中的人,有着强烈的社交欲望,在弹幕出现之前,视频受众会通过视频下方的留言区表达自己的观点意见或者浏览其他用户的留言,感受他们的情绪波动,与他们互动交流,进行情感交换。但这一系列操作需要退出播放界面,而且评论与画面无法对应起来,视频是由无数帧画面组合而成的,观众想要点评的内容画面会在播放的过程中被另一个极具吸引力的画面所覆盖,就容易忘记或者忽略一些细节,延时评论在一定程度上会打消观众的评论积极性,从而呈现出质量较差、数量较少的观影反馈。弹幕视频出现后,则呈现出不一样的景观。受众可以通过弹幕发送窗口将每一个画面中吸引自己的细节以弹幕文本呈现在视频上方,进行实时的情绪反馈、分享与记录。这对于受众而言,进行了实时的表达,对于制片方而言,能够得到精准的、即时的反馈。

2. 焦点集中

弹幕视频是由弹幕与视频两个要素组成的跨时空的互动情境,弹幕与视频相互依存,视频是弹幕评论的基础,弹幕是视频的扩展与延伸。当受众进入到视频中之后,画面内容成为观众关注的焦点所在,视频画面呈现的所有的一切都将成为弹幕文本制作的素材,为观众所用,主要包含影视演员人设以及相貌、穿搭、剧情走向、道具特效、后期剪辑等。如屏幕上出现"跪求编剧让XXX领盒饭""XXX的衣品是全剧的亮点"的弹幕,这些都是根据视频内容延伸出来的弹幕。除此之外,视频的画面包含很多冗杂的内容,将繁多的内容置于流动的时间轴上,一些微小的、不易被发现的细节很大程度上会被观众所忽略,尤其是一些悬疑类视频、古装剧中,这些不易被发现的细节会被细心的网友发掘出来发布在屏幕上,使得其他用户能够更好地理解剧情的走向与设定,这些评论成为隐形的二次传播者,能够促进传受之间的良好运转。

3. 虚拟互动

网络平台的开放性、分享性以及虚拟性为用户提供了一个可以不受约束、自由表达的空间,弹幕视频营造的就是这样一个超越以往的网络互动空间,其互动性主要体现在用户之间的弹幕互动。在视频播放过程中,用其中深得自己好感的演员的照片作为弹幕头像,以弹幕文本作为桥梁进行观感的分享与交流,在整个互动过程中,所有能够呈现的个人信息也只有这个能够代表自己的公众人物的头像和自己发送出来的弹幕文本,彼此之间仅仅靠想象,"志同道合"的用户之间无法追根溯源，对应到现实生活中的社会位置。也正因为如此，轻松、自由的交流空间鼓励用户更加主动地参与到"想象的互动"中来，积极与其他成员进行互动，彼此"你一言我一语"的观点交流碰撞营造了一种"面对面"的、一对多、多对多的交谈氛围，形成了"拟现实"的虚拟互动模式。

（三）弹幕应用于大学英语写作教学的可行性和意义

1. 弹幕为实施过程写作教学提供了技术支持

过程写作教学出现至今是最为欢迎的课堂写作教学模式之一，但学界对该教学方法的评价是褒贬不一的。更多的研究证实，过程写作教学只对写作优秀者有用，忽视了写作能力欠缺者。同时，有人认为，过程写作的反馈时间过长，过于强调过程使学生错失了关键学习期。

然而，过程写作教学仍然有着其他方法难以达到的优势与特点：注重写作过程，注意引向写作结果；帮助学生了解、理解他们自己的写作过程；写作过程中，教师及时给学生反馈意见，使学生更贴切地表达自己的意思；教师和学生都积极地提出自己的意见；整个写作过程都伴随着教师与学生之间的个别交流。纵观过程写作的这些优势与特点，弹幕在做到注重过程的基础上，以匿名性等特点刺激学生参与课堂，也为教师提供了实现因材施教手段与措施。此外，弹幕及时反馈的特点，能迅速让学生把握知识点，巩固学习点。因此，从过程写作教学来考虑，弹幕的辅助能够使过程写作更有兴趣，增加了学生的参与积极性，从而在过程中学习、积累并完成写作。

2. 弹幕为实施过程写作教学提供了环境支持

弹幕技术的成熟为过程写作教学提供了硬件保障，为学生创造了一种英语写作的轻松环境。教师借助于电脑或者手机能有效地监控学生的写作过程，把控学生的写作环境。从初稿、修改到反馈，可以清晰地看到学生在写作在各个环节出现的问题，教师能够直接根据问题进行口头上或弹幕上的反馈。学生们通过发送弹幕参与到课堂中，实现学生弹幕发送的观点及素材的共享，拓宽了学生的写作思路，提高他们的写作兴趣，增强写作自信心。

将弹幕运用于英语过程写作教学，有利于创设写作情境，从而提供一个平等、自由、开放的学习环境及写作平台。这样就打破了师生、生生之间的界限，实现了平等、真诚的写作交流。

3. 弹幕在过程写作教学的实施有良好的政策支持

为了进一步深化大学英语教学改革，提高教学质量，教育部对大学英语教学模式提出详细要求：我们要多利用多媒体、网络技术发展带来的契机，采用新的教学模式来改进原有的授课为主的单一课堂模式，新的模式应该以新技术为支撑，特别是网络技术，使英语教学朝着个性化、不受时间、地点限制的学习。新的教学模式应该体现英语教学的实用性、文化性和趣味性融合的原则，调动教师和学生的主动性和积极性为目的，尤其是要确定学生在课堂中的主体地位。新的技术应该体现交互性、可实现性和易于操作性，在创新的基础上又要保留并继承教学模式优秀的部分。为了促进教学模式的改革，建议学生利用计算机学习的比例应该占有总学分30%—50%。

三、基于互联网的英语PBL辩论式写作教学模式

（一）PBL教学模式解读

PBL（Problem Based Learning）教学模式的主要理论基础是皮亚杰（Paget）的建构主义认知理论和维果茨基（Vygotsky）的社会建构主义为理论。它提倡以学生为中心，主张教师把思考和学习的权限都交给学生。教师的任务，是指导学生围绕问题、课题或疑问等相互关系进行再认知，形成全新的知识结构。这种教学模式，以问题为核心，以解决问题为驱动力，通过分组展示、阐述和讨论以及相互交流为手段，达到激发学生自主学习意识、培养学生创造性和批判性思维的目标。

（二）辩论式PBL写作教学模式教学实践

1. 教学模式

以下是辩论式PBL写作教学模式（图7-1-1）。

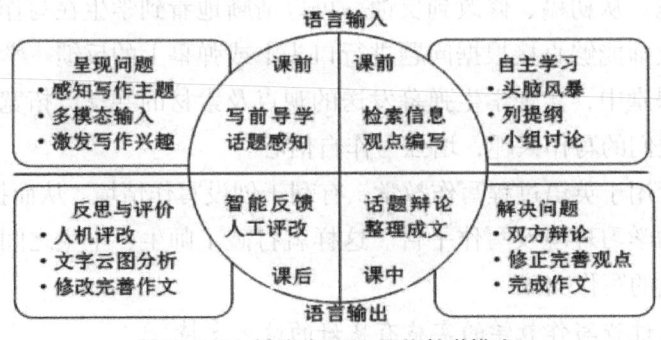

图7-1-1 辩论式PBL写作教学模式

2. 教学流程

这里用一篇"Cloning: Where Is It Leading Us？"的文章为基础，讨论主要内容是植物克隆和动物克隆的区别，多利羊的诞生与死亡以及由此而引发的各种辩论。

（1）活动一：呈现问题

涉及医疗克隆的话题词汇比较生僻难懂，用英语进行辩论难度较大。因此，在呈现辩论议题前，通过播放多利羊的诞生与死亡、克隆技术发展的纪录短片、引领学生观看 China Daily 上中国首次成功培育出体细胞克隆猴"中中"和"华华"的视频新闻等导学活动，加深学生对 Cloning 这一写作话题的了解。进一步引发学生思考：Should Medical Cloning Be Allowed？

（2）活动二：自主学习

辩论前，将全班同学分成四大组（两组正方两组反方，再用抽签的形式选出对抗组的先后顺序）先进行了一次预赛，再根据大家的比赛表现，选出正反方各 4 名选手进入决赛。在辩论的准备过程中，要求每个小组周末假期利用微信群或 QQ 群等社交媒体平台开展头脑风暴、自主学习和小组讨论。学生通过网络平台获得任务分配，查阅资料、分享自己了解到的知识以及存在的疑惑。小组合作学习之后，学生运用、搜集、查找与辩题相关联的内容，然后分析、筛选，列出己方观点提纲，完成小组辩论稿。教师在线为学生提供技术支持，并确保每个小组围绕 Cloning 这一主题展开调查与讨论。

（3）活动三：解决问题

正反方在课堂上进行辩论，其余观赛学生负责记录辩论过程，进行监督和评判。教师的任务是组织辩论赛，确保辩论赛公平公正地进行。当学生出现表达不清晰影响辩论正常进行时，适时提供一些词汇和短语，确保双方有效交流。辩论结束后，全体学生运用本节辩论课所记录的好词好句完成半开放性作文。

（三）基于互联网的英语 PBL 辩论式写作教学的意义

在辩论的准备阶段，学生要大量阅读英文资料，分析、综合、提炼自己的主要观点，充分考虑对方会提出的反对观点，自己何以应对。对他们来说，英语的学习不再像以前一样仅仅是单词短语的记忆、语法规则的应用，而是用英语来做事情。这种具有挑战性的思维训练，能够使学生更好地将语言知识学习和思维训练结合起来，从而使自己的思辨能力得到提高，使深度学习真正发生。

在辩论中，学生为了能及时对对方的话做出反应，必须集中注意力，带着分析的态度倾听对方,记下对方的论点,转化为对自己有利的因素,进行有效的反驳。双方在辩论的过程中,唇枪舌剑,激发了真实的交流动机,英语语言表达能力也随之提高。

为了一场精彩的辩论,辩手们,特别是一辩,必须提前写好发言稿。如此一来,双方辩手在准备阶段,需要对本方陈述的观点进行多次写作、修改并试讲。这个不断润色修改的过程,本身就是对写作能力的培养。辩论过后,利用互联网+师生评价为综合评价手段再次对作文进行反复修改,学生的高频词、学术词汇、高级词汇和从句的密度逐渐加大,写作能力也逐渐提高。

辩论中,学生要对自己的观点进行口头表达并加以论证,这必然要经得起对方辩手的质疑。在这种场合下,学生要保持自信,控制自己的情况,把注意力集中在问题的焦点上,思辨性地组织语言,反驳对方的观点。与此同时,本方辩手之间也要默契配合,互相鼓励,在小组协作中培养团队意识,在激烈争锋中锻炼敏捷的思维能力。另外,在批改网上、人机评改、生生互评等模式相互作用,学生写作的自我效能感也得到加强。

第二节 翻转课堂视野下的高校英语写作教学研究

一、翻转课堂概述

(一)翻转课堂的概念

虽然翻转课堂已成为国内外教育界研究的热门话题,但学者们对于翻转课堂的概念并未统一。通过阅读和整理国内外学者对翻转课堂相关概念的描述,作者认为诸多学者对翻转课堂的定义主要是从教学活动空间、教学活动流程和教活动范式三个角度进行描述的。

在教学活动空间上,翻转课堂是一种在时空、流程和范式上对传统教学进行翻转的"先学后教"的模式;翻转课堂是一种改变教学空间的动态、交互的学习环境,即集体学习转向个体学习、固定教室学习转向随时随地学习的教学模式。

在教学活动流程上,翻转课堂即"颠倒课堂",利用网络技术打破时空局限,对传统课堂的教学流程进行颠覆,课前让学生利用教学视频完成知识学习,而课上则通过师生、生生之间的交互协作,进一步构建并内化所学知识;翻转课堂是指教师把本节课的重点以微视频的形式在课前传递给学生，让学生课下观看视频内容自主学习，而课上师生交流互动解决课前线上学习的疑难问题，从而实现对新知识的彻底掌握。

在教学活动范式上，翻转课堂是课上交互式小组学习活动和课下基于网络工具的个性化教学相联合的一种教学技能；翻转课堂就是师生利用信息化资源，课前完成对教学视频内容的观看和学习，课上教师和学生交流答疑的一种新型教学模式。

翻转课堂是一种以现代信息技术平台为支撑，以优质的教学资源为内容，建立线上、线下相结合的新型教学模式。

（二）翻转课堂的特征

"翻转课堂"教学模式最大的特点就是师生角色定位的转换，在传统的课堂上，教师根据大纲制定教学计划再在课堂中统一的传授，课后让学生通过作业方式来形成知识的内化。教师在整个课堂中是引领者、决策者，是整个队伍判断正误的人，这也就使得课堂中很难有第二个声音，学生是课堂中的跟随者，而"翻转课堂"和传统的教育形式截然不同，教师和学生之间的地位发生了改变。教师是课堂资源的提供者，是课上答疑的帮助者，学生也可以是学习中的志愿者，回到课堂上还能表达自己的观点。

第二个特点就是对学生和老师的要求更高，传统课堂中教师要事先备好所有的课，不需要使用特殊软件，只需按照教案按部就班讲解即可。但在"翻转课堂"中教师需要将学生自主学习的课程利用软件提前录制完毕，再发放到学习平台当中，还需要根据学生线上练习完成的情况，继续进行下一步的课上教案设计。对于学生来讲，对自制力要求更加高了，虽然学习方式更自由了，但是要自主完成一部分内容，就要求自律自觉地学习，当然教师也会用练习和作业等方式来约束学生，但对学生自身要求也是必不可少的。

第三个特点是教师和学生的互动率提高，课堂形式环节丰富。在传统的课堂中，不仅师生交流少，学生间的交流更少。如果使用"翻转课堂"这种形式，那么学生在课前、课后交流的机会变多，学生和教师回到课堂上的交流也变多了。课堂讲授形式不再是教师一家倾授，而是双方互动进行学习。

（三）翻转课堂的流程

传统教学的模式比较简单，大部分内容都是教师引领学生在课上完成的，只有作业是在课后由学生自己完成的。

目前,"翻转课堂"的教学模式应用和改良的流程都是 Robert talbert 教授在他的理科课程中应用的模型,它们均取得了不错的效果,但此模型是应用于如"线性代数""计算机"等课程。该模型包括课前和课中两个阶段,课前阶段是观看教学视频和课前练习,课中阶段是测评,解决问题和总结反馈三个环节。但该模型对理科学科普遍适用,文科学科还需要再完善,我国的张金磊,王颖,张宝辉在 Robert talbert 教授的基础上,改善了其中的课中环节,增加了教师确定问题、教师创建环境、生生成果交流等环节。这一模式对于环境的应用更加丰富。

(四)翻转课堂的优势

1. 不受时间和空间限制

由于"翻转课堂"很大程度依赖于网络软件和平台,这就使得它不需要用传统的方式,按时坐在教室里进行学习,学生可以根据自身时间调整,选择什么时间,在什么地点进行学习。这个优点在平常时期都是省时省力的,对于新冠肺炎疫情防控期间来说更为重要,在这个特殊时期,各行各业都在寻求解决之道,如果"翻转课堂"能够在教育事业中很好的展开应用,那无疑是一个很好的解决方法。此外这个"时间"不仅仅可以指选择什么时间进行学习,还可以理解为学生可以反复的对自己不懂的知识进行回放,而不像传统课堂中学生有些听不懂的问题,由于整个教学时长的原因,老师不能反复解释给某个同学听。

2. 课堂形式灵活且氛围有趣

在英语写作教学课堂中,教师往往会运用多种教学法相结合的方式,来使整个课堂氛围融洽,学生自愿投入其中。运用"翻转课堂"教学模式来使整个教学模式得到创新,吸引学生注意力。在第二语言识记过程中,这种能够激发学生兴趣,从而达到无意识识记的过程尤为重要,因为这种识记学生是在轻松愉悦的氛围中完成的,往往能给他留下深刻的印象。学生自觉自愿地选择课前学习,再回到课堂上可以和同学老师一起讨论,极大地丰富了课堂形式,提高了学生学习的自由度。

3. 改变师生角色并审视教师能力

在目前的教学环境中,人们开始越来越关注将课堂还给学生,以学生为主体地位,而不是简单的教师在上面讲,学生在下面听。"翻转课堂"可以突出学生的主体地位,更加注重学生自己学,自己分组讨论解决问题,教师不再是领导者,而是"引路人"。学生可以直接在平台上反映自己的问题,体现个性化,教师依据这些问题重新设计教学活动,更加体现了"以学生为中心"。此外,教师在制作视频的过程中也可以重新审视自己的教姿教态、语言规范，避免故步自封，止步不前，重新提高自身能力。

4. 增加学生兴趣并提高课堂效率

传统教学模式由于时长的原因，教师往往需要讲解很久，集中授课，这就使得学生上课时长长，容易产生厌烦情绪。"翻转课堂"形式多样，时间自由灵活，能提高学生兴趣。学生自觉主动地接受知识，接受之后，将出现的问题进行反复观看，如若自己解决不了，及时向同学和老师反馈问题，使得发现问题和解决问题的速度提高。再回到课堂上有针对性地进行练习，这样练习的时长也会增加。将每一次"翻转课堂"都变成学生自己的个性课堂，有所收获。

（五）美国对翻转课堂的实践

美国是翻转课堂的发源地，根据地方的不同，翻转课堂又有了一些新的不同的模式。

林地公园中学是翻转加上掌握的新模式。翻转课堂的发源地是林地公园中学。在实施的过程中，要求教师对学生们很了解，在检测中，如果发现有的学生某一个知识点没有掌握，那么就需要教师为他们提供不同的学习材料，重新进行学习，直到检测合格为止。掌握学习法在二十世纪六七十年代很难得到全面的应用，但在今天，各种教学设备以及数码产品的广泛应用，掌握学习法则有了应用的可能。翻转课堂有利于掌握学习法的操作，首先要有明确的有关学习的目标，就是根据不同的需要，使学习成绩要达到一定的目标。其次是制作"学习引导和证明单"。学习引导和证明单上面有两部分内容，一部分是学习引导单，即学生们需要达到的学习目标，学生们可以按照引导单进行学习；另一部分就是学习证明单，即学生们需要自己证明已经达到了学习目标，包括证明的方法及途径。再次是他们在课上踊跃地参加各种学习活动。他们进行交流与讨论，教师纠正出现的问题。四是学生们自己用不同的方式向教师证明自己掌握了所学的知识。学生们通过课前的教学视频以及课堂上的交流与讨论，要向教师证明自己掌握了学习目标，比如与教师进行口头交流、录制小视频、制作PPT等等方式。例如，教师会提早录制语法课和聊天话题两部分内容，这样课堂时间就变得多了一些，可以让学生们更多的进行英语交流，比如练习英语对话等等。翻转课堂在林地公园高中有了很大的效果：课堂上学生们变成了主要研究者，也变成了话语者；很有效地帮助一些学习成绩较低的学生们；使学生们更加主动地学习，在课下主动看教学视频，主动查找相关的学习资料；使师生关系、生生关系以及家庭与学校的关系更加密切；

有效地提高了学生们的学习成绩。

可汗学院新的模式。可汗学院和加州一个学区进行了一系列的合作，实行这种新的教学模式。可汗学院模式的最大优点就是：练习系统能够快速检测到学生们对知识的掌握情况，当有学生遇到不会的知识时，教师可以很快地发现并与其进行交流；在这种教学模式下，还引入了游戏学习机制，对学生的表现给予奖励。

斯坦福大学共同学习的模式。很多人说，在互联网上发布视频，就如同原来的课堂无聊。为了解决这一个问题，把教学视频的时间控制在15分钟之内，每段教学视频之后都会有一个小测试，用来检查学生们对知识的掌握情况。斯坦福大学在翻转课堂中还增添了高科技的设备，让学生之间进行交流与讨论，这种方式可以激发学生们的学习热情，这就是"共同学习"模式。

（六）翻转课堂的理论基础

1. 建构主义理论概述

（1）建构主义理论定义

建构主义理论（Constructivism）最早由瑞士著名心理学家皮亚杰提出，他认为，儿童的认知结构是通过同化和顺应逐步建立起来的，并且在"平衡—不平衡—新的平衡"的循环往复中不断地得到丰富、提高与发展。在此基础上，斯滕伯格和卡茨等则强调了在建构认知结构的整个过程中个体主动性的关键作用；维果斯基则主要强调了社会文化背景对学习者认知结构所产生的作用，并且对"活动"和"社会交往"在人的高级心理机能发展中的重要作用进行深入地研究。因此，建构主义将"情景""协作""会话"与"意义建构"作为要素。

（2）建构主义与翻转课堂的关系

建构主义提倡进行"以学生为中心的学习"，强调在教学中既要重视以学生为主体，又要注重教师的主导地位；同时，在师生角色方面，建构主义认为教师是学生学习知识过程中的引导者与促进者。这与翻转课堂教学理念不谋而合，同时，翻转课堂也体现了建构主义理论的四大要素。

首先，在"情景"上，翻转课堂为学生提供线上教学情景与课堂面对面教学情景，其中，线上教学情景为教学管理和监督提供了有利条件，进一步增强学生的自主学习意识，促进有意义学习；其次，在"协作"和"会话"上，翻转课堂以课前预习和课上讨论为主要教学模式，为师生之间、生生之间提供了大量的交流与会话的机会，从而促进合作学习，实现知识共享；最后，在"意义建构"上，翻转课堂注重培养学生意义建构的能力，引导学生调动已学知识来探索复杂的

"真实问题"的解决方案，使学生学会学习，鼓励学生以多种途径、方法使知识长期保留在大脑中，形成认知图式的过程。

2. 合作学习理论概述

（1）合作学习理论定义

合作学习理论（Cooperative Learning），又称协作学习，是近年来教育界广泛推崇的课堂教学组织形式。合作学习就是要有针对性地运用小组教学，让同一小组的学生们协作学习，使学习效果得到最大程度的发挥。合作学习分为两种形式：一种是在课堂上进行面对面的合作学习；二是在计算机支持下的合作学习。

课堂面对面的合作学习较之于个体学习、竞争学习而言，更具有教育意义，然而，只有在满足以下五个要素，才能真正实现有意义的合作学习。第一个要素是积极相互依靠的关系；第二个要素是小组成员间的相互促进作用；第三个因素是个人责任；第四个因素是人际交往技能；第五个因素是小组自评。

计算机支持的合作学习指的是充分运用现代计算机技术，特别是在互联网和移动多媒体通信技术的管理与辅助下的一种合作学习方式。

（2）合作学习理论与翻转课堂的关系

在基于翻转课堂的合作学习中，将学生科学地分成各个学习小组进行对课前疑难问题的讨论学习，由此可知，翻转课堂教学可为学生面对面合作学习提供充分的课堂时间，同时对小组成员间线上交流时出现的问题与疑难，提供面对面讨论的机会。首先，在促进合作学习者形成积极的相互依靠关系方面，翻转课堂教学模式下的课堂面对面交流讨论可以减少小组成员之间的距离感，通过共同探索、实践教师布置的学习任务与问题，可增强学生之间的相互信任与依赖，使成员间积极地形成相互依赖的关系；其次，在提高小组成员间的相互促进作用与锻炼其熟练的人际交往能力方面，翻转课堂教学中课堂讨论，将小组成员从云端带回到实际的课堂之中，从虚拟交流带回到现实合作之中，通过互相帮助、共同进步，从而增强成员间的共同探索与创新，促进成员间的人际交往能力的提高；最后，在小组自评方面，翻转课堂教学设有学习评价环节，包括组员互评与组际互评。通过学习小组成员间的相互评价，使学生明确并增加成员间在合作过程中的有效学习行为，提高合作学习的效率。

3. 深度学习理论概述

（1）深度学习理论定义

深度学习理论（Deeper Learning）是指学习者通过对知识本质的理解和对学习内容的批判性运用，追求有效的学习潜意和真实问题的解决，以高阶思维为主要认知活动的高投入性学习。

（2）深度学习理论与翻转课堂的关系

翻转课堂教学模式重点培养学生的思维品质和自主学习的能力，通过合作学习、课堂讨论实现学生创造性成果的展现。首先，在认知领域上，在翻转课堂的课前环节学生通过自主学习、教师辅助与同伴互助的方式实现对核心知识的掌握，在课堂讨论环节，学生以小组的形式通过对教师提出疑难问题的探索与求知形成批判性思维，以至形成正确答案的过程；其次，在人际领域上，翻转课堂教学模式为学习小组成员提供交流与反馈的机会，促进团队协作与有效沟通；最后，在个人领域上，在翻转课堂一系列教学活动中，学生掌握科学有效的学习方法的同时，其心智机能也得到一定程度的提升。

二、翻转课堂的英语写作教学案例

经过教学中的不断探索和实践，学生在翻转课堂这一新的教学模式中取得了丰硕成果：学习效率更高、学习成绩更好、学习动力更强。采用"微课的课堂翻转"模式，即课前让学生观看一段微视频（关于写作通知的基本内容）并配发学案对所观看内容加以巩固和落实。课上教师把足够的学习时间和交流机会留给学生让其展示并适时对学生的作品加以评价，这既体现了学生的主体地位，又发挥了教师的主导作用，指出学生因分析不到位或理解不透彻的地方，不仅可以达到改正目的，而且能提高学生的学习及自主分析能力。但在传统的教学模式中，为了配合全班的进度，照顾不同层次的学生，教师会不断地讲解，反复地练习、批改。虽然学生在语法方面存在的问题不是很多，但由于形式与内容比较单一，对写作的兴趣也不是很高，结果往往无法取得理想的分数。同时，不能对教学进行有效的、有针对性的指导，造成了"受苦不讨好"的教学窘态。在使用翻转课堂这一新的教学模式后，利用教师提供的教学视频，课前学生完全可以在轻松的氛围中，观看教师的视频讲解并根据自身情况来安排和控制自己的学习进度；在课堂上学生可以以学习小组为单位进行交流学习，教师有更多的时间回答学生的个性化问题，并对每个学生的学习进行个别指导。从而使教学事半功倍，扭转这种英语写作教学"教得累、学得苦、效果差"的局面。事实证明，在日常的教学中这一模式是有效可行的。因为翻转课堂的教学模式是一种将课前学习和课堂学习两个不可分割的阶段有机结合从而构建一个完整单位课时的教学活动，教师"先学后教"成为课堂学习的设计者、问题的引导者、学习的促进者；学生通过"展示—质疑—阐释"的自主学习方式成功地使自己成为学习的主体,师生通力合作共同成为"导学一体"的践行者。

三、翻转课堂带来的实际效应

从最初的创意来看,"翻转课堂"中结构和模式的翻转是以"以学生为中心""充分发挥学生的主体"为设计导向,其结果不仅促进了学生的个性化学习——让学生按照自己的步调学习,而且教学方式得到了变革与创新。从科技兴教的影响来看,翻转课堂又是当代科技发展的最新产物,对教学的变革提供了技术支持。由此可见,随着时代的发展,信息技术已经突破了传统"辅助教学"的概念,如今显然已成为现代教育和教育创新不可或缺的手段和要素,对学生的"学"、教师的"教"以及教育教学理念的改革都起着不可估量的影响和作用。

(一)对学生"学"的影响和作用

对学生而言,首先课前通过微视频的形式提前让学生对所学的内容有所了解,使学习目标清晰化、明确化,从而发挥学生的自主作用,激发学生的学习兴趣,提前热身为顺利开展后续的活动做好准备。其次,通过观看教学微视频,学生能根据自身特点和学习节奏来安排自己的学习,如学生在课下通过多次观看教师的视频讲解,弥补自己在课堂上所遗留的欠缺,使其完全在轻松、自由的学习氛围中自主学习。最后,课上学生通过微视频的自主学习带着问题听讲,通过合作探究,一方面提高了学生的听课效率,发挥了学生的主体地位,调动了学习积极性和主动性;另一方面也锻炼了学生的学习和独立分析的能力。同时,学生成为"熟练运用信息技术的学生(tech-savvy students)",熟练掌握和使用数字化设备也是他们学习过程的重要组成部分。

(二)对教师"教"的影响和作用

首先,在翻转课堂上教师有更多的时间和精力与学生交流,及时解答学生的疑惑,既发挥了教师课堂的主导作用,又能够做到因材施教。其次,教师在教学方式和教学观念上的改变。教师不再根据课堂经验和课堂预设进行讲解,而是有的放矢地针对学生的共性问题有针对性地进行讲解,大大提高课堂效率,在整个教学过程中,教师角色得到转变。同时,教师可以根据学生的表现对教学内容、教学重难点、教学进度以及微课的录制适时做出调整与改变,促使教师教学水平得到极大的提升。最后,教师信息技术素养得到提高。翻转课堂促使教师不断学习，尤其是计算机网络知识以及新的教学手段的学习，如微视频的录制、白板、幻灯片以及实物展示台的自由转换等。

（三）对教育教学理念改革的影响和作用

教学包括英语写作教学是在实践中不断传承与改革的过程。随着时代与社会的进步，新的教学模式不断涌现，其中关注度较高、操作性较强的翻转课堂正是从以下教学实践出发对传统教学理念做出改革并产生了深刻的影响。（1）谁在学，怎样学。在传统英语写作课堂中，教师要抓住有限课堂时间尽可能地向学生传授文体、格式、句型等教学内容，其结果往往流于教师的"一言堂""独角戏"。翻转课堂教学模式从根本上调整了学习的顺序，将主要教学内容以微课等形式由学生在课下带着任务自主学习，课堂上先由学生提出问题，然后由教师有针对性地答疑解惑，整个过程学生的"学"贯穿始终，其积极性、主动性有机会得以充分发挥，从而真正成为课堂的主体、学习的主人。（2）学什么，学多少。班级授课制可以最大限度地扩大受教育者的数量，却不利于因材施教，翻转课堂教学模式在保证受教育者数量的同时可以兼顾学生的个体差异。就英语写作教学而言，学生的词汇量不同、语法水平不同、文采不同等因素，决定了其要达到的学习效果也就不同，教师要用不同的评价标准给予反馈，使其在纵向上有所进步。翻转课堂模式与这一教学要求相契合，使教师有机会让每位学生在原有基础上得到最大提升。

四、高校英语写作教学的翻转课堂应用建议

（一）对老师的建议

1. 教师应转变教学方式，利用现代技术辅助教学

英语写作翻转课堂教学模式为教师提供了一种新的教学视角与思路，这需要教师时刻紧跟现代教育技术的发展潮流，掌握先进的教学技术，转变传统教学方式，熟练地使用虚拟学习社区平台开展现代化教学，同时，教师也要具有一定的敏感度，不断更新教学理念，将教学理论与实际课堂教学相结合，通过教学实践不断完善，促进高中英语教师的专业化发展。

2. 教师应注重教学反馈，利用数据促进精准教学

教师要充分了解到学生学习进展及写作技巧的掌握情况，以便于教师进行精准备课，针对学生作文中的常见错误及语法误区进行讲解，适当增加对学生有利

的教学资源，增设课堂问答等互动环节，鼓励学生积极反馈，促使教师对学生的问题进行及时辅导，促进有效教学。

3. 教师应综合多种教学平台，利用互动提高教学效率

基于虚拟学习社区的高中英语写作翻转课堂教学模式的实施，必然需要依托高品质的教学平台，而通过前期调查发现，单一的教学平台并不能够充分满足多方面的教学需求。由此可知，构建虚拟学习社区一方面需要结合教学交互平台，如知到、钉钉等，教师可在该平台中布置教学任务、与学生进行学习沟通等，通过一系列的互动环节，激发学生的学习兴趣；另一方面，基于虚拟学习社区进行写作教学必然需要结合作文批改平台，如易写作、批改网等，学生可以在该平台中随时随地批改作文，对作文进行不断地完善的过程，同时，教师也可以见证学生的这一过程，并得到更为精准的数据反馈，有利于开展个性化教学。

（二）对学生的启示

1. 学生应注重拓宽英语学习渠道

学生们在课余的英语学习中应多利用先进的学习软件，发掘更多有用的学习资源，搜索自己感兴趣的慕课、微课资源，通过线上名师指导丰富英语知识面；另一方面，学生可利用线上学习工具，如易写作、Actively Learn 等，通过学习工具辅助学生的英语学习，对学生的英语技能进行锻炼，扩展学习渠道，改善学习效果。

2. 学生应积极参与学习互动

基于虚拟学习社区的高中英语写作翻转课堂教学模式更加注重学习的交互性，通过虚拟学习社区中的交流互动，增加教学的交互性，从而提高学生学习的沉浸感。因此，学生需要转变学习方式，积极、大胆地参与到学习互动中来，勇敢地表达自己的观点并与小组成员进行学习切磋，在互动中感受学习的乐趣。

3. 学生应及时撰写学习反思日记

在每节课程结束后，学生需要将作文一稿至终稿及分数存放至学习成长档案袋中，该档案袋记录了学生英语写作的全部过程，课后需要学生们针对作文中出现的问题与易写作平台中的分析对自己的成长变化进行分析与总结，形成学习反思日记，以增强元认知能力，提高写作学习的自我意识，对下一步的学习设计出更加精准的计划，促进写作学习能力的不断提升。

第三节　生态学视角下高校英语写作教学的优化

一、教育生态学概述

（一）核心概念

我们对教育学的研究，关注的是教育规律的实行情况以及教育对于社会和个体产生的具体影响。生态学探究的是周围环境中各种有机组成部分及其相互关系。教育生态学中融合了上述两种学科的内容，一方面结合生态学原理探究教育学的各种现象及原因，另一方面还结合教育的发展方向对教育进行生态学分析。从整体上看，教育生态学是研究教育与其周围生态环境（包括自然环境、社会环境、规范环境）之间相互关系和规律的学科。

（二）理论基础

生态学作为一门独立的学科，除了是探究生物与环境关系的科学，也是探究、思考和解决问题的一种思维模式。教育生态学对于教育学和生态学的各种理论及理念进行了融合，但是在具体的研究过程中，依然以生态学的研究路线作为支撑，关注教育活动中教育行为本身与环境及生态因子的具体关联，还有对教育的各种影响，教育生态学主要目的就是挖掘教育生态结构的规律，找寻教育问题全新的解决路径。

针对教育生态学规律和基本路径的探究中，我国学者吴鼎福、诸文蔚在其著作《教育生态学》中阐述了很多具体的原理，如花盆效应、耐度定律、群体关系等内容[1]，这些内容构成了教育生态学的主要内容体系。范国睿在其著作《教育生态学》一书中也提出了若干基本原理，如适度原理、生克原理、多样性原理等[2]。

1.教育生态学基本原理

（1）耐度定律

美国学者V.E.Shelford通过对生态学的各种理论深入研究，最终提出了耐度定律。根据耐度定律，任何生物要实现生存，就必须依靠各种各样的条件支持，如果其中的某个条件出现了性质的变异或者数量的变化，都会对生物造成冲击，如果条件的变化超出了耐力范围，则会出现生物的消失。在具体的实践过程中，

---

[1] 吴鼎福，诸文蔚．教育生态学 [M]．江苏教育出版社，2007，2．
[2] 范国睿．教育生态学 [M]．人民教育出版社，2001（1）：3-12．

我们无法对生物体最理想的生态因子范围进行界定，因为在生物体之间存在着各种各样的竞争，同样的，教育生态系统中，教育个体的生存发展同样难以找到最合理的范围。此时的教育个体就是教育系统的生命体，可以是学生也可以是老师。教师是教育活动的实施者，他们对于教育领域的生态环境因子存在有限的承载力。事实上，教育的个体、群体及生态体系中都存在适度的界定问题。

（2）限制因子定律

教育生态环境之中，所有的生态因子与限制因子是重合的，学校就是一个独立的教育生态系统，教师的质量、数量及分布情况构成了学校生态群落，也成为其生态体系的核心因子。对教育生态系统而言，能量流和信息流是最核心的限制性因子，如果能量流出现紧张的情况，那么就会对教育的规模和质量进行制约。所以我们对限制性因子定律进行探究，可以对因子的限制性进行动态的跟踪，这对于教育生态体系的建设有着非常重要的指导作用。

（3）花盆效应

"花盆效应"又称局部生境效应，在空间上具有局限性。此处的"花盆"是指小生态环境，空间有限，人为制造，糅合了人工及自然环境多重因素。在人为创造的小生态体系中，物种的生长和发展都具备一定的条件，但是持续发展会降低其生存能力，特别是物种已经适应了这个生态，那么其中的因子发生了改变，物种就可能会出现灭绝的情况。因此在生态体系中，教师应该立足多种方式避免"花盆"的出现，要适时提高自己的师德水平，以便适应环境所带来的环境变化。

2. 教育生态学方法论

（1）系统论

一种生态行为往往与多个因素有内在关联，某个因素的变化往往会对整体造成影响。生态体系是统一的，能够立足整体，进而影响具体的因子。生态系统具体是指特定空间里生物及环境彼此影响，互相作用的统一体。系统的基本因素是因子之间的关系，系统的基本特征是各种因素的统一性。生态系统可以细分为各种研究层次，但是系统本身不会清楚地出现层次分类。任何研究者都可以将环境设定为独立系统，这些系统彼此联系而非孤立，任何系统都会与周围的系统和环境进行交流并不断地适应环境的改变。

（2）平衡论

生态平衡是指，在一定的时间内，生物与生物之间、生物和周围环境之间，通过信息传递与物质循环，最终达到相互高度适应、协调和统一的状态。系统在发展过程中，会以比较稳定和平衡的状态进行，当生态平衡时，生态系统的各种结构功能就会比较的平稳，但是这并不代表系统的各种因子是一成不变的，一旦其中的部分内容出现了改变，那么就会出现生态不平衡的问题。但是在不平衡问题出现以后，基于个体的自我动态平衡，最终会出现新的平衡状态。因此生态平衡是持续的、动态的，但是这种平衡的保持并不只是为了维护生态的稳定，而是基于这些影响构筑新的平衡关系，实现系统收益的提升。所以，无论是学校还是个体，都始终处于平衡的动态形成过程中，换言之，在同一个生态系统中，两个物种的存在必然会引发竞争。该原理在很多领域都可以得到体现，除了生物学领域，在教育学领域同样适用。

二、生态学下英语写作能力发展评估体系的构建

这里以学术英语写作为例：

（一）体裁与修辞知识板块

写作主要是依托于阅读者对于阅读价值判断的对外输出形式，而这种价值判断则是源自读者阅读统一体裁文章的体验。因而，优秀的学术写作需要展现出作者所表达的意境，同时也有读者的思想意识，从而彰显语篇体裁的语言表达和修辞特征。亚里士多德曾提出"修辞学三角"，明确指出学术写作需要涵盖作者传达意蕴的信度、文章整体的逻辑及作者与读者的双向互动交流三个基本要素。这三个关键核心要素在不同类型学术表达中，针对不同类型的和受不同修辞目标驱动，表现出不同类型的文章整体架构、文笔风格及语言表达的体裁特征，形成了学术英语写作的体裁与修辞知识。

（二）过程和策略知识板块

从20世纪中后期起，学术英语写作的认知过程和策略受到学术界的广泛关注。过程与策略知识总体上涵盖了选题、资料查找与归纳、调研考察、分析整理、草拟文章架构、打磨修订排版及公开发表等各关键过程的核心和有针对性的写作策略。这需要写作者具备发现问题、分析问题、解决问题的综合能力。

（三）学术话语共同体知识板块

这一板块的划分是基于对语言学习者身份的考虑，语言学习者一方面需要充分了解英语语言表达，另一方面还需要广泛涉猎不同领域的文化知识。该板块与上述的题材及修辞知识、过程，以及策略知识板块的内容密切相关。这一板块重

第七章　当代高校英语写作教学的创新与变革

点涵盖了文献综述、引用及规范罗列，即涉及语篇文本的观点借用。此外，学术英语写作者在表达个人观点的时候，同时也是借助学术共同体成员的学术领域互动以此构建起相互联系的身份关系，涉及不同文化和学科背景作者的立足点与语气呈现及读者交流互动的模式。

参考文献

[1] 王海啸.大数据时代的大学英语写作教学改革[J].现代远程教育研究，2014（03）：66-72+86.

[2] 陈冬纯.CBI 理念下的大学英语教学与教师专业发展[J].外语电化教学，2014（02）：68-73.

[3] 张艳红.大学英语写作教学的动态评价研究[D].上海：上海外国语大学，2012.

[4] 王晓庆.基于活动理论的大学英语写作教学设计研究[D].新乡：河南师范大学，2015.

[5] 魏贵娟.混合教学理念下的大学英语写作教学模式研究[J].科教文汇（中旬刊），2020（12）：177-178.

[6] 朱晗.基于应用语言学视角下的大学英语写作教学[J].鄂州大学学报，2021，28（03）：25-26+29.

[7] 刘丹，纪永娟.写作档案袋评价在大学英语写作教学中的应用[J].现代交际，2021（07）：62-64.

[8] 刘亚茹.形成性评价在大学英语写作教学中的应用研究[D].长春：长春师范大学，2016.

[9] 张可心.基于微信的大学英语写作教学研究[D].哈尔滨：哈尔滨理工大学，2017.

[10] 刘倩.元认知策略在大学英语写作教学中的应用研究[D].喀什：喀什大学，2021.

[11] 刘习.对分课堂在高中英语写作教学中的应用研究[D].聊城：聊城大学，2018.

[12] 严若芳，欧光安.过程教学法在大学英语写作教学中的应用研究[J].教育理论与实践，2018，38（06）：54-55.

[13] 黄信."互联网+"时代大学英语写作教学变化与对策研究[J].四川民族

学院学报，2018，27（05）：88-93.

[14] 耿维峰. 大学英语写作教学语料库的构建及应用研究 [J]. 现代交际，2018（22）：132-133.

[15] 王钊. 翻转课堂教学模式在高中英语写作教学中的应用研究 [D]. 哈尔滨：哈尔滨师范大学，2019.

[16] 乌优. 基于"产出导向法"的师生合作评价在蒙古语授课大学英语写作教学中的应用研究 [D]. 呼和浩特：内蒙古师范大学，2019.

[17] 陈玲. 大学英语写作教学中"输出驱动-输入促成"假设应用探究 [J]. 绍兴文理学院学报（教育版），2020，40（01）：68-73.

[18] 马媛馨，黄明洁. 大学英语写作教学中线上线下混合型教学模式的应用 [J]. 湖北开放职业学院学报，2020，33（13）：184-186.

[19] 李健. 我国大学英语写作教学研究（1987—2020）：演进、热点与展望——基于CNKI数据库的Cite Space可视化分析 [J]. 贵州师范学院学报，2020，36（04）：42-53.

[20] 王黎丽. 移动学习辅助大学英语写作教学研究 [J]. 山西能源学院学报，2020，33（05）：48-50.

[21] 刘芳. 建构主义理论指导下的大学英语写作教学模式研究 [D]. 北京：中国地质大学，2009.

[22] 杨熙. 大学英语写作教学研究重点问题回顾 [J]. 山西师大学报（社会科学版），2014，41（S5）：240-243.

[23] 王卫华. 大学英语写作教学中思辨能力培养路径研究 [J]. 文学教育（下），2019（11）：60-61.

[24] 张珍. 传统大学英语写作教学面临的问题与对策 [J]. 读与写（教育教学刊），2019，16（12）：10+26+4.

[25] 陶涛. 大学英语教学有效性问题研究 [D]. 武汉：华中师范大学，2015.

[26] 马琴. 大学英语个性化教学研究 [D]. 重庆：西南大学，2017.

[27] 张建佳. 大学英语教学融合性价值取向及其实现研究 [D]. 重庆：西南大学，2018.

[28] 范莉，杨枫. 融合大学英语教学理念的阐释与实践 [J]. 外语教学，2016，37（06）：47-52.

[29] 王守仁，王海啸. 我国高校大学英语教学现状调查及大学英语教学改革与发展方向 [J]. 中国外语，2011，8（05）：4-11+17.

[30] 赵光慧，张杰. 大学英语教学改革：个性化、学科化、中国化 [J]. 外语与外语教学，2013（06）：58-61.